大旗出版
BANNER PUBLISHING

大旗出版
BANNER PUBLISHING

歷代皇朝風雲實錄

# 變法之殤

# 前言

在人類歷史的長河中，新舊鬥爭就像這綿延不息的歲月一樣，與歷史發展相伴。新與舊是一個矛盾的統一體，新事物不斷戰勝舊事物，是社會之所以進步的根本所在。然而，歷史的發展、社會的進步並不是一帆風順，它總是充滿了艱辛與苦澀，充滿了鬥爭與血腥。翻開歷史畫卷，無數新舊紛爭的場面呈現在我們面前：舊勢力的血流出來了，許多仁人志士倒下了。這就是鬥爭的殘酷，歷史的無情！

綜觀新事物發展的歷史，新舊鬥爭的形式有多種多樣。

首先，在各個歷史轉折時期，新制度代替舊制度的鬥爭。如封建制代替奴隸制的時候，商鞅等一批改革者與奴隸制不懈地鬥爭；封建制末葉，資本主義嶄露頭角，於是有了洋務運動的誕生。

其次，在國家機器不能正常運轉，政治、經濟危機威脅著政權生存的關鍵時刻，統治階級的有識之士在為了拯危救難而進行的社會變革中，與舊勢力艱苦鬥爭。如北魏的孝文帝、宋代的范仲淹與王安石、元代的耶律楚材、明代的張居正、清代的戊戌維新派等都屬於這一範疇的改革者。

此外，歷史上無數次的農民革命、資產階級革命等等，都是對舊制度的沉痛打擊。而當被統治階級的暴力革命摧毀了舊政權，統治階級又重建新王朝的時候，為了自身的長治久安，往往能對舊政權的弊政加以調整，這都是新舊交替的重要意義。

悠久的歷史中，新生事物層出不窮，浩如煙海，基於本書篇幅，我們只把那些歷史轉折時期以及王朝危難時期的新舊鬥爭畫面展現在讀者面前。在驚濤駭浪的歷史沉浮中，每當新生事物出現的時候，它總要受到舊勢力的強大阻攔，正因為此，新事物總是不斷受到波折、創傷乃至暫時消亡。但是，它所具有的強大生命力卻生生不息，它對歷史的巨大推動作用也無可辯駁，更給人們留下十分豐厚的財富更。新事物總是在曲折中前進，而新事物最終要戰勝舊事物，歷史就是這樣迂回曲折地向前發展著。

商鞅變法是與舊勢力激烈鬥爭取得成功的典例，雖然商鞅的命運十分悲慘，在死後還被施以車裂之刑，但是，他與王安石、張居正等人亡政息的改革有很大不同。之所以前者成功了，而後者卻以失敗而告終，其中必然有許多原因，比如政治、經濟改革是否協調一致、相輔相成；是否有強有力的法律做保障；改革者的自身素質以及位居人君的最高統治者及其繼承人的改革意識如何等等，這些都是決定改革成敗至關重要的。另外，當一個制度代替另一個制度的歷史大潮來臨之際，只要改革者順應潮流而動，再加上改革者自身的智慧與才幹，就很容易取得成功。商鞅正是處於封建制代替奴隸制的歷史時期，他感受到了時代跳動的脈搏，從而建立了豐功偉業。而王安石與張居正的改革卻與此不同。他們是處於封建政權已走向衰弱，王朝之弊已積重難返之際，這些志在有為的精英欲勵精圖治、拯危救難。但是，危機的王朝走向沒落與垂死，正如新興的制度走向繁榮與昌盛一樣不可逆轉！

誠然，十九世紀六〇年代的洋務運動，也可稱得上是歷史轉折時期，即封建制滅亡、資本主義產生之際的產物。但它是中國封建大門被外國洋槍洋炮打開的時候，部分前衛中國人所掀起的學西學、辦洋務運動，它是在特殊的歷史條件下，企圖以特殊的方式進入資本主義。雖然當時的世界已經進入資本主義時代，但半殖民地半封建制的中國還沒有興辦資本主義的基礎，所以洋務運動時代的中國，並沒有形成資本主義代替封建制的歷史潮流，而洋務運動本身也是以維護那千瘡百孔的封建制度為目的，以西學補救中學，必然是失敗的。但是，洋務運動對中國的啟蒙意義極其深遠，只有在此時，閉關自守的中國人才知道，自己的身外還有一個先進的世界。

在中國歷史上，拯危救難的改革可謂層出不窮，慶曆新政、王安石變法、張居正改革以及清朝滅亡前的維新運動，都屬於這一範疇。在王朝衰微、江河日下之時，少數改革家的孤軍奮戰無以扭轉乾坤，失敗的命運也是必然的。然而，正是由於他們與舊勢力的抗爭，才使無數後來的人們勇往直前、戰鬥不止。

值得一提的是，在長遠的歷史之中，有許多少數民族的改革者，都是汲取漢文化的優點，藉以大力革除自身民族落後的舊習。不但使民族本身迅速發展起來，也對民族融合產生促進的作用。本書因篇幅有限，只收錄了北魏孝文帝和蒙古耶律楚材的改革為例。

掩卷思索，無數驚濤駭浪已成歷史，無數刀光劍影已成過去。當我們從書齋中走出，感受到的是一片溫暖的陽光，周圍是那樣祥和、美妙，而又充滿生機。原來，生活在我們這個時代是多麼美好！改革，才能走向了繁榮，也只有改革，才能使國家更加富強！然而，如何更深入地將改革進行下去，或許此書能給人們提供些許借鑒，能對人們有所裨益吧。

趙東艷

# 目錄

# 商君雄秦

自從夏啟建立了世襲制的奴隸制國家後，奴隸制最終在中原大地上確立了起來，並於商周時期達到了鼎盛時期。奴隸制的最大特點就是以宗法制度來維護奴隸主貴族的統治。所謂宗法制度，就是在原來氏族部落的基礎上，以血緣為紐帶而建立的社會關係。在宗法制度下，全體宗族成員為族長而效命，世世代代受其奴役。到西周時期，就發展成了等級森嚴的分封制度。

西周時候，周天子是最大的奴隸主，是全國土地和人民的最高所有者，普天之下，莫非王土，率土之濱，莫非王臣。可以想像他是何等的高貴顯赫，威震四方。他為了更有效統治他的國家和他的人民，把同姓子弟都分封到各處，同時受封的還有周的功臣、親戚以及堯、舜、禹三王後代，這樣就形成了西周時期非常有特色的塔形分封制度。周朝還制定了嚴格的宗法等級——嫡長子繼承制——來維護統治，即天子之位傳給嫡長子，其他兒子只能受封為諸侯；各諸侯國中也是嫡長子為繼承人，其他兒子只可以在國內做大夫；大夫也同樣往下傳，其他兒子只能為士，嫡長子享有土地的繼承權。這樣天子是大宗，對於天子來說，諸侯是小宗，而對於大夫來說，諸侯又是大宗，自己又是小宗了，就好比一棵樹幹分成無數樹枝，樹枝又分出葉子。層層分封，有如金字塔一般，天子位於塔頂，號令諸侯，諸侯統轄卿大夫，卿大夫又統轄士，位於塔底層的是千千萬萬窮苦的奴隸。

在這種嚴格的等級制度下，諸侯承擔鎮守疆土、捍衛王室、繳納貢物、朝覲述職等義務，卿大夫對諸侯承擔從征、納貢等職責，士也要對卿大夫承擔各種雜務。如此明確的分工，使周天子在分封後的一段時間裡，能號令諸侯，一統天下，出現了奴隸制空前的繁榮。但是，就在統治者處心積慮、千方百計強化奴隸制統治，以為江山永固的時候，他們卻萬萬沒有想到，作為奴隸制掘墓人的新興封建因素，正在奴隸制的母體中孕育而生，並於不久之後取而代之。

隨著時間的推移，各諸侯國與周王室的血親關係越來越淡薄，親情逐漸淡漠。周王朝到了懿王時國勢衰弱，各諸侯國的勢力卻逐漸膨脹。西元前七七〇年，犬戎入侵，西周滅亡，周平王東遷洛邑（今河南洛陽）。東遷的周王朝再也不能對諸侯發號施令了，西周時期的那種「禮樂、征伐自天子出」遂為「禮樂、征伐自諸侯出」所代替，歷史進入到大國爭霸的春秋戰國時期。

與此同時，奴隸制的土地關係——井田制——也出現了新的問題。井田就是把土地分為方塊，以柵欄等分隔，呈井字形，所以叫井田。它分公田和私田兩部分。公田是領主的土地，私田分給奴隸。分得私田的奴隸首先要無償耕種公田，然後才能耕種自己的小塊份地。待秋收時節，領主的公田收成是領主的財產，而奴隸卻還要由私田所得向領主交納糧食、織麻等等。到頭來，奴隸所剩無幾，他們由衷發出「無衣無褐，何以卒歲」的慨嘆！但是，儘管奴隸主的盤剝較重，但奴隸畢竟有自己的一塊土地，也有一定的自由，而且隨著鐵製工具的使用以及牛耕的出現，這種自由越來越大了。生產力的發展，使奴隸勞動的效率大大提高，公田和私田都能很快耕種完畢，於是奴隸們漸漸開始開墾一些荒蕪的土地，日久天長，私有土地越來越多。有遠見的奴隸主貴族感到已再難以將奴隸束縛在井田之上了，於是開始改變剝削形式，他們把土地分成小塊，出租給逃亡奴隸和破產平民，並以收租的方式代替了原有的勞役地租。這樣就出現了自由民階層，一些奴隸主貴族也逐漸轉化成了封建地主階級，由此，維持奴隸統治的井田制遭到破壞了，封建因素也悄然誕生。

就在封建制度已見萌芽之時，各諸侯國內的矛盾越來越激烈，那些有能力卻不能世襲侯位的卿大夫和士們開始不滿於現有地位，他們從自由民那裡買得土地，並建立了自己的武裝，成了新興的地主階級。這一階級自興起之日起便迅速發展壯大，並急於登上歷史的舞台。商鞅等一批改革者就是他們的代表。

春秋戰國時期，地主階級開始成為社會的主角。為了使國家走上富強，稱霸諸侯，他們面對新的社會局面，在國內紛紛實行了改革。

率先改革的是齊國的管仲。管仲將私田分成不同的等級進行徵稅，同時，把全國劃分為二十一個鄉，並設了鄙、屬、縣、鄉、卒、邑等各級地方組織，這樣就將原來的宗法關係一變為封建的行政管理秩序。齊國經過改革之後，首先走上了春秋霸主的地位。

西元前五九四年，魯國也宣布「初稅畝」，即按擁有土地的畝數徵稅。此外，晉、楚、鄭國都對土地制度進行了相應的調整，並在政治上實施一系列改革，以打擊奴隸主貴族的勢力，為地主階級發展創造條件。這樣，齊、晉、魯、楚、鄭五國都通過改革而實現了富國強兵的願望，成為春秋五霸。

戰國初年，三晉、齊、楚等國雖都進行了不同程度的改革，但其中進行最早、影響最深遠的當屬魏國的改革。魏文侯是魏國有名的君主，他勵精圖治、奮發圖強、選賢任能、網羅人才，其中李悝、西門豹、吳起等都是魏文侯慧眼所識，並重用實行變法的人。李悝是一位了不起的改革家，他首次大膽地提出了廢除維護奴隸主貴族特權利益的世卿世祿制度，規定以軍功的大小給予官吏俸祿，並重視以法致用，作《法經》，加強王權統治。與此同時他廢除原有井田的阡陌封疆，充分利用地力，並提出豐年向農民多徵糧食以備荒年之用的「平羅法」。李悝的變法使魏國迅速強大起來，成為戰國第一雄。繼此之後，南方的楚國也企圖富國強兵，起用了魏武侯時被大臣王錯排擠的吳起進行變法。吳起也是從廢除舊貴族爵祿、並廢除官吏世襲這些十分尖銳的問題著手，怎知楚國的舊貴族勢力太強大，改革僅一年，吳起就被殺身亡。但是，由於吳起在楚國很注重養兵，使楚國的軍隊也日益強悍。

東方各國風起雲湧的改革之勢，使國家都變得強盛起來。他們都躍躍欲試，企圖威震一方，完成統一霸業。所有這一切，都使偏居西陲的秦國感到岌岌可危。

秦國原是位於陝西西部的一個小國，由於西周滅亡時，秦襄公護送周平王東遷有功，才被列為諸侯。春秋時候，當晉國稱霸之時，秦國也很想向東擴展自己的勢力，但幾次東征，都出師不利。秦國東進的道路被晉國牢牢地遏制住，無法向東邁進，便開始向西發展，去征服鄰近的戎人，開疆拓土，依山河之險，成了西方的霸主。戰國初年，秦國的社會經濟也發生了劇烈變化，為了適應新的經濟發展形勢，西元前四〇八年，秦國也以實物地租的形式代替了勞役地租，叫「初租禾」。西元前三七八年，又開闢了市場交易，即「初行為市」，使商品交換活躍起來。秦國雖然有這些變動，但是比起東方各國卻落後許多。

此時，東方的魏、楚都因改革而強盛起來，並直接威脅到秦國。吳起在魏國時，就訓練了一支充滿戰鬥力的常備軍叫「魏武卒」，西元前四〇九年，吳起奉魏文侯之命領兵攻打秦國，一舉攻下秦洛水以東的五座城池。魏國在那裡設立西河郡，秦國失去了洛水以東的土地。楚國自吳起改革之後，將整頓機構和吏治所節省下來的錢作為加強軍備之用，使楚國很快強盛起來，並開始拓展疆土，也直接威脅到秦國。

就在魏、楚兵強馬壯之時，秦國不但沒有富國強兵之策，反被極大的內憂所困擾。秦國的奴隸主勢力十分強大，統治階級內部的鬥爭異常激烈。自從秦躁公（西元前四四三～四二九年）死了以後，秦國的宗室貴族操縱著國家的政權，他們爭權奪位的鬥爭接連不斷，國君更替不迭，臣子乘機作亂。秦懷公在位不到四年就被庶長鼂逼死，立了秦靈公。靈公死後，他的叔父發動宮廷政變，篡奪了君位，即秦簡公。簡公時，秦國政治腐敗，經濟落後，雖有「初租禾」這一稅制改革推出，但一時很難扭轉積貧積弱的局面。秦簡公死後，兒子惠公即位。秦惠公為了抵禦強魏的進攻，採取以攻為守的策略，曾三次進攻魏國，並曾出兵韓、蜀兩國，樹立了一定的國威。惠公死後，兒子出子即位。出子在位僅兩年時間，西元前三八五年，庶長菌改殺掉了出子，立靈公之子公子連即位，這就是秦獻公。

靈公死後，秦簡公篡位，公子連被迫流亡魏國長達二十一年之久。在背井離鄉的日子裡，他看到了魏國是何等的國富兵強，而想起自己貧弱的祖國，心裡便時時感到悲愴。回國後，他決心仿效魏國，發憤圖強，著手整頓國內事務，以改變秦國長期以來的內憂外困、貧弱落後的局面。他首先廢除在秦國實行了三百多年的殺人殉葬制度。初步制定了戶籍制度，即把人口編戶，五家為一伍，從而形成新基層行政單位的雛形。他還在邊疆設立了打破奴隸主貴族世襲封地的四個縣，並把都城由原來的雍城（今陝西鳳翔）東遷到櫟陽（今陝西臨潼），以擺脫舊貴族勢力的影響和便於向東發展。秦獻公的這些措施對打擊奴隸主貴族的勢力、促進封建經濟發展無疑都具有積極的意義，同時也創造了良好的變法氛圍，為後來的商鞅變法打下基礎。秦獻公初步改革之後，秦國封建經濟有了一定的發展，國內外形勢也發生了一些變化。在此之後，秦國曾打敗韓魏聯軍，並曾深入魏國境內，一次斬首魏軍六萬人。在獻公時，秦國可說達到了初步的繁榮。

但是，儘管如此，秦國奴隸主貴族的勢力仍然很強大，國內矛盾還十分尖銳。在外交上，秦國的地位仍然很低弱，被視為夷狄之列。並一直被摒棄於諸侯盟會之外。就是在這種國亂、兵弱而主卑的情況之下，西元前三六二年，獻公的兒子渠梁即位，這就是秦孝公，一個使秦國發生翻天覆地變化的英明國君。

西元前三六二年，對於秦國人來說，是既悲傷又歡慶的一年。悲傷的是，他們失去了獻公這樣一位久未出現的較好君王；歡慶的是，具有遠大抱負的新的國君即位了。

孝公登極不久，便在全國各地貼出詔令：「想當初先祖穆公在岐山雍水之間，修德行武，東與晉國以河為界，西霸戎狄，廣地千里，為後世開闢基業，是何等的榮耀。後來經過歷公、躁公、簡公、出子的混亂時期，內憂外患，使三晉奪取了我河西之地，各諸侯國都鄙視我秦國，這真是莫大的恥辱。獻公即位後，鎮撫邊境，遷都櫟陽，目的在於向東擴展勢力，以恢復故地，行穆公之政令。寡人每想到父親未盡之事業，常常痛疾於心。現在各位賓客群臣，如能有誰獻出妙計，使秦國強盛，我將給予他高官，封賜給土地。」這就是孝公的招賢令。人們看到了這個招賢令後奔走相告，議論紛紛。秦國有史以來獎勵功臣，從不賜給土地，如今新君以土地相許，足見其富國強兵的決心以及思賢若渴的急切心情。於是人們紛紛向孝公獻計獻策，各國有才之士也都紛紛投奔秦國。商鞅便是其中之一。

商鞅（約西元前三九〇～三三八年）原是衛國沒落宗室貴族的後裔，他本姓公孫，名鞅，又名衛鞅，只因後來被秦孝公封在商地（今陝西商縣東），才被稱為商鞅，號商君。年輕時的商鞅就極熱衷於法家學說，曾經潛心研究過管子的法學思想，他對李悝、吳起等人的改革成就十分嚮往，並夢想著能像他們那樣有所作為。當時衛國是魏的屬國，魏國經改革之後國力強盛，欣欣向榮，這使年輕的商鞅對魏國充滿了希望，在他的心中，魏國的一切都顯得那樣朝氣蓬勃。因此，在魏惠王即位後不久，商鞅便懷著大展宏圖的志向，離開了自己的故鄉，來到了他嚮往已久的魏國。

商鞅首先投奔到了推崇變法的魏相公孫痤的門下，做了他的執事家臣中庶子，目的在於有朝一日，能使公孫痤將自己推薦給惠王。在那裡，他刻苦學習李悝的著作《法經》，並注重研究李悝、吳起的政治主張和改革實踐，準備待惠王重用他後，把自己的畢生精力都貢獻給新興地主階級的變法事業。

然而不幸的是，當公孫痤還沒來得及推薦商鞅的時候，就重病纏身，臥床不起了。魏惠王聽說後，特來探望，他見丞相生命垂危，心裡很是難受，怎奈自古死生有命，傷心也無益，他便向公孫痤請教後事。惠王問道：「萬一愛卿有個三長兩短，我的國家將由誰來輔佐呢？」公孫痤掙扎著說道：「我有個家臣，名叫公孫鞅，此人有非常的才能，希望我死後君王將國家託付給他，老臣便放心了。」惠王一聽，覺得很奇怪，心裡想公孫痤一定是病糊塗了，怎麼會讓我把國家交付給他的一個家臣呢？所以他沒有作聲。公孫痤看惠王沉默不語，知道惠王一定是覺得商鞅年輕，資歷淺，又沒有名望，因此不會重用他。於是他又讓身邊的人都退下，對惠王悄聲說道：「君王既然不肯重用此人，就一定要把他殺了，千萬不能讓他逃出魏國，否則日後必成魏國之患。」這一次惠王點了點頭，看來是同意了。等惠王走後，公孫痤把商鞅叫到自己的榻前，他很抱歉地對商鞅說：「剛才惠王問我誰可以為相，我說你可以，王沉默不語，表明他並不同意我的意見。我因為先君後臣，於是對他說，如果不用你，就把你殺掉，這次他答應了我。現在你趕快逃走吧，以免遭殺身之患。」商鞅聽了以後，不但沒有害怕，反倒還笑了笑，他不慌不忙地說：「大人讓他重用我，他不聽，大人讓他殺了我，他也不會聽的。」果然不出所料，惠王覺得商鞅乃是一無名小輩，不必傷他。此事在他的腦海中逐漸淡忘了，直到有一天，商鞅率領秦國的軍隊打到魏國城下，他才如夢方醒，後悔沒聽公孫痤的話，當然這是後話。商鞅沒有馬上離開魏國，如他所預料的那樣，他的生命沒有什麼危險，但是他的理想卻成了泡影，他那種奔魏時所具有的巨大熱情和朝氣都被這團冰所冷卻。

正當商鞅在魏國懷才不遇的時候，傳來了秦孝公招賢的消息，商鞅欣喜若狂。他又抱著新的希望，一路風塵，來到秦國。

商鞅通過孝公的寵臣景監見到了孝公。那是西元前三六一年初春的一個早晨，商鞅第一次求見孝公。這對於還不到三十歲的商鞅來說，實在是太讓人興奮了，自己已經歷了一次磨難，這一次他慶幸自己終於找到了明主，他可以實現自己的夙願了。於是商鞅慷慨陳詞，侃侃而談，興致勃勃地說了許久。可是孝公卻似聽非聽，昏昏欲睡。孝公退朝後對景監大怒道：「你介紹的這叫什麼賢人啊，簡直就是狂妄之徒，怎能重用？」景監不知道是怎麼回事，就去問商鞅。商鞅不慌不忙地說：「我給公講的是帝王之道，看來公的志趣並不在於此。請大人為我稟明公，我要再次求見。」景監見他泰然自若的樣子，也只好答應了他。

孝公怒氣過後，回想起商鞅所講的稱帝方法，覺得還是很有道理的，只是自己所處的環境，連與各諸侯國平起平坐都不能，還談什麼帝王之道。再細想想，覺得商鞅還是很有見地。過了五天之後，孝公再次召見商鞅。這一次商鞅講的是王道理論，顯然又未中孝公之意。商鞅摸清了此時的孝公不需要帝道和王道，於是他在第三次見到孝公時，以霸道理論講給孝公聽，也就是建議孝公如何稱霸諸侯。這一下子就說到孝公的心裡了，他聽得十分認真，並覺得商鞅所言極是。事後，商鞅對景監說道：「孝公有用我之意，我知道他一定還會召見我的。」果然，沒過多久，孝公就對景監說：「你介紹的這位客人很不錯，我要和他仔細地談談。」

於是，孝公第四次召見了商鞅，這一次君臣二人談得十分投機，孝公甚至忘記了君臣之禮，不知不覺湊近商鞅，兩人如久別知己，一連長談幾天，都覺得意猶未盡，相見恨晚。商鞅終於在歷盡波折之後，得到了秦孝公的信任和重用，他終於找到了施展理想與抱負的天地，於是他便開始著手他的改革方案了。

孝公要重用商鞅實行變法的消息很快在秦國朝野上下傳開了。秦國裡舊的奴隸主勢力十分強大，他們知道變法一定會觸犯他們的利益，於是便極力進行抵制。除此之外，許多人都並不清楚變法究竟會怎麼樣，對變法持懷疑態度，這些人也不支持變法。面對這種局面，秦孝公也有些舉棋不定，尤其是甘龍、杜摯等反對者多次上疏，危言聳聽，極言變法的危害之後，孝公更是有些猶豫了。商鞅對此看得清清楚楚，他意識到，堅定孝公的變法決心是至關重要的，同時也為了使更多的人瞭解到變法是強秦的關鍵，他必須想辦法在輿論上戰勝守舊派。於是商鞅與甘龍等人就是否變法問題展開了一場別開生面的大討論。

這天早朝，孝公對是否變法問題，徵求百官意見。商鞅首先站出來說道：「臣啟陛下，行動舉棋不定，就不會有成就，辦事瞻前顧後，就難以取得成功。況且有所作為的人，容易受到世俗的非難；見地非凡的人，往往被人們所詆毀。愚蠢的人往往墨守成規，而智者往往都具有先見之明。普普通通的民眾不能與他們探討如何創業，他們只配坐享其成罷了。這就是所謂的至德者不和於俗，成大功者不謀於眾。所以說，從長遠角度來看，只要能使國家富強起來，就不必沿襲舊制度；只要有利於人民，就不能死抱老規矩不放。陛下若下定變法決心，就不要再考慮天下人的議論了。」孝公聽了這話，覺得是這個道理，他也知道商鞅的一席話是針對自己的些微猶豫而說，於是他連連點頭稱好。甘龍卻立刻出來反對。他說：「公孫先生此言差矣。聖人只能在不改變民眾的傳統習慣下才能實行禮教，智者只能不變更以往制度才能治理好國家。如果順應民眾的習俗去教化他們，可以事半功倍；沿襲舊法而去治理國家，官吏已經適應習慣，人民必然能安居樂業。現在我們只有沿襲古人遺留下來的制度才能永世留芳，造福子孫。否則如改變現有局面則必定使時局惡變，生出禍患。臣還是希望陛下能再考慮一下。」甘龍說完，只見朝中許多大臣都連連點頭表示贊同。

甘龍的話確實代表了朝廷內外一部分人的心聲，商鞅感到必須給予強有力的駁斥，以扭轉這些人的看法。於是他說道：「甘龍之言，乃是世俗之言也。平凡的人總是安於舊習慣，而儒生學子又往往只知舊禮，這兩種人可以當官做老爺，但不能同他們討論成法以外的事情。從遠的看，夏、商、周三代的禮制各不相同，而夏啟、商湯、周武王卻都成了王業。近世春秋秦穆公、齊桓公、晉文公、宋襄公、楚莊王五霸的制度都並不一樣，而他們也都曾稱霸一時，這是為什麼，就是因為他們並不愚蠢地盲目遵守舊禮，而是因勢利導，有所創新。所謂智者制定法律，而愚者墨守之；賢者變通成禮，而不肖的人拘泥之。如今我們國家正處在只有變法才能圖強的歷史時期，這就要求我們必須效法聖人變通舊制以利於今的做法進行改革。而受舊禮制約的人是不值得同他們商量大事的，受舊法制約的人是不配與之討論變革的。」

商鞅這一針鋒相對的雄辯，使甘龍無話可說。這時杜摯站出來爭辯道：「我聽說，如果沒有百倍的好處，是不可以改變法度的；如果沒有十倍的功效，是不能改換祖先器物的。而且，遵守古法不會有過錯，依照舊禮不會出偏差。所以還請陛下三思。」商鞅一聽這話，覺得十分荒謬可笑。他駁斥道：「變法圖強，使國家興盛，人民安樂，這一好處是千倍萬倍的，而不變法則必然貧弱落後。如今的國家與古代所處的時局不同，那麼治理國家的方法又怎麼能相同呢？正因為此，商湯、周武因沒有恪守古制而興旺發達，一統天下，而夏桀、商紂沒有適時變革而歸於滅亡。歷史的經驗和教訓告訴我們，一定要變法才能強盛，否則必然走向最後的滅亡。至於說守古依禮，那麼前代的禮教各不相同，各代帝王的法制並不一樣，你究竟效法哪一個古代、遵循哪一個帝王呢？歷代的帝王都是適應時代的需要而創立法度，依據具體情況而制定禮教，禮和法總是因事而異，因時而異，從沒有一成不變的。只要有利於國家，有利於人民，就必須有所突破，剔舊出新。所以說，此時變法是我們國家的當務之急。」

商鞅的據理力爭，使甘龍、杜摯等人再也無可爭辯了，也使大多數朝廷重臣首肯稱是，孝公也更加堅定了變法的決心，打消了顧慮。商鞅以雄辯的口才論證了適時變法的必要性和可行性，他以深入淺出的道理宣傳了他的變法理論，使人們在心目中對變法有了新的認識，同時在輿論上他戰勝了守舊派，為變法奠定了良好的基礎。當時秦孝公就表示，即使以後變法遇到再大困難，他也再不會動搖。於是他任命商鞅為左庶長，主持變法。

在朝廷內，商鞅通過自己的努力，力排群議，使眾臣首肯了，這些都為他的變法開通了道路。但是在民眾的心目中，他們還不知道商鞅是誰，更不知道他的為人以及他的變法。為了在民間取得百姓的信任，他在變法前做了這樣一件事。

在熙熙攘攘的市場南門外，本來就是人來人往的交通要塞，這一天更顯得格外熱鬧。透過裡三層、外三層、層層圍觀的人們往裡望去，只見在大門口立有一根三丈長的木頭，並在旁邊貼出告示，說誰若能把木頭搬到北門去，就賞他十鎰黃金。告示的落款是左庶長公孫鞅。圍觀的群眾越來越多，大家交頭接耳，都覺得這不太可能，搬木頭那麼容易的事，怎麼能給十鎰黃金呢？大家都不知是怎麼回事，誰也沒有動。於是，商鞅又下令，有誰能把木頭搬到北門，就賞他黃金五十鎰。這回大家更是詫異了。這時有一個十分膽大的人想試試這事是不是真的，他上前扛起木頭就走，等到了北門，商鞅馬上賞他五十鎰黃金。眾人見了，都萬分驚訝，原來左庶長商鞅說的話是真的。這個立木為信的故事，使商鞅在民間樹立了極高的威信，從此人們對商鞅都有一種信任感。這種信任對日後商鞅的變法極其有利，商鞅的目的也就在於此。

當上下就緒之後，商鞅便開始著手變法政令的實施。

在秦國，強大的奴隸主貴族勢力，一直是困擾統治者的嚴重社會問題。雖然曾經歷了簡公的稅制改革和獻公廢除人殉制及建立縣等改革措施，並開闢了市場貿易，使地主階級的力量有了一定程度的壯大，奴隸主貴族的特權受到了一定的削弱，但是秦國的奴隸主仍享受世襲的土地和俸祿，並左右著國家政令。商鞅意識到要在秦國全面改革，首先必須從這一根本性問題——取消奴隸主貴族的特權——為出發點。於是廢除奴隸主的世卿世祿制就成了商鞅的第一項改革措施。

商鞅規定，取消舊有的世襲制爵位、俸祿，改為以軍功授爵。也就是說國內無論貴族宗親，還是平民百姓，只要立有戰功，就可以受封受賞，否則，即使是皇親國戚，若沒有軍功，也不能授予爵位。他根據所立軍功的大小把秦國的爵制分為二十個等級，所謂軍功的大小就是指在戰爭中殺敵的多少。例如殺敵兵一人授爵一級，如殺敵軍官一人，則除授爵一級之外，還給一頃田、九畝宅地和一個農奴。軍功爵高的還有食邑，如第九級五大夫就可以有食邑三百戶，食邑多的可達萬戶以上。這種以功授爵的制度，實際上就是廢除了舊的奴隸主等級制度，杜絕了舊貴族的世襲特權，建立了新的封建等級制度。而且爵位和封邑不再世襲，直接由國家控制，這都使妨礙封建經濟、政治發展的舊勢力受到了沉重打擊，大大加強了封建國家的政權統治。

然而，多年來世襲爵祿的奴隸主貴族忽然一夜之間就被奪去了爵位和俸祿，這可真使他們太驚訝了。以前世世代代享受的富貴榮華頃刻間都化為烏有，這就彷彿做夢一般，是他們萬萬沒有想到的。當他們如夢方醒，才知道不能就這樣善罷甘休，於是他們極力反對、開始阻撓。

反對派來勢洶洶，第一個犯法的是太子駟。太子年幼無知，罪魁則是他的兩個老師公孫賈和公子虔。他們倆成了反對派的首領，極力破壞、阻止變法實施。他們不敢直接出面，便唆使太子觸犯新法。法律雖然是嚴肅、神聖的，但如今太子駟犯法，這對於剛剛開始推行變法的商鞅來說，無疑是個嚴峻的考驗。

商鞅清楚地意識到：如果處罰了太子，孝公肯定不高興，若日後太子即位，肯定會給自己找碴。但是，商鞅更清楚的是，如果太子犯法就可以視而不見的話，那麼這樣的法律就很難使人心悅誠服，新法就很難實施。為了澈底否定舊的奴隸制，必須首先否定舊制度下刑不上大夫、禮不下庶人的傳統舊觀念；為了使封建制度在秦國確立，首先必須確立王子犯法與庶民同罪的法律新觀念。基於以上這些考慮，商鞅主張對太子繩之以法，以警世人，以樹法威。

商鞅為太子犯法事求見孝公，並表明自己的觀點，請求孝公發表對太子的處理意見。孝公沉默了許久也沒有言語。事實上孝公也正為此事犯難，商鞅所說的道理他都清清楚楚，而且自己也曾經表示過無論遇到什麼困難都支持他。但是畢竟太子是自己君位的繼承者，如果過分懲處太子，會使他喪失尊嚴，唯恐日後無法服眾。而若不處罰，則對變法不利，對自己的強秦宗旨不利。商鞅看出了孝公的為難情緒，就對孝公說道：「新法難以推行，主要是因為舊貴族加以破壞抵制，如今太子犯法，我們必須予以處罪。但是太子是陛下的接班人，不便處理，那麼就處罰太子的師傅吧。」孝公覺得這主意不錯，立刻下令將公孫賈處以臉上刺字的黥刑，公子虔也受了處罰，後來他再度犯法，被處以割掉鼻子的劓刑。

太子風波算是過去了，反對派看到太子的老師都受到如此殘酷的鎮壓，他們再也不敢公開反對了。商鞅用刑之嚴，聞名歷史。據說他在渭水之濱一次就處死過七百多人，鮮血染紅了渭水盡頭，號哭之聲動於天地。秦國的舊勢力本來十分強大，不過商鞅以軍功授爵的政策使得舊貴族並不像楚國經吳起變法之後那樣徹底絕望，他們在被剝奪世襲爵位和俸祿之後，也還可以立軍功重新得到富貴和煊赫，這就在一定程度上減少了他們的反抗情緒。再加上商鞅的嚴厲打擊，反對派的氣焰暫時被平息了。

新的軍功爵制代替了舊有的奴隸主貴族世襲制，這是商鞅以他的智慧和勇氣所取得的初步勝利，這就為他進一步改革創造了基礎。在此基礎上，他推出了富國的一系列措施。商鞅認為農業是立國之本，是國家興旺發達的關鍵，因此他實行了重農抑商的政策。新法規定，凡是努力耕織，多生產糧食布帛的，可以免除傜役賦稅，而凡是棄農經商、因懶惰而貧困的，將全家沒入官府為奴婢。同時還規定一家如有兩個以上男子的必須分家，形成一家一戶為單位的個體經濟，並把五家編為一伍、十家編為一什，重新編制了戶籍。什伍之內，各家要互相監督、糾察，如果有一家作奸犯法，同一什伍的其他各家必須檢舉、告發，否則與犯人同罪。這就是「什伍連坐法」。人們必須安分守己，勤於耕作，否則就有滅門之災。

嚴酷的法律使人們在最初的一段時間裡覺得很不適應，每時每刻都處於被人監視的環境之中，人人都有一種岌岌可危、動則觸咎的感覺，這使老百姓覺得十分苦惱。變法之初，在舊貴族的鼓動下，京都有數以千計的人認為變法並沒有給人帶來方便，他們不滿意甚至反對變法。這些都沒有使商鞅動搖。他堅定不移地推行變法，用嚴酷的法律加以鎮壓，基本上穩定了新的局面。

事實證明，獎勵軍功和什伍戶籍法，對秦國的發展大為有利。在戰爭中立了軍功就可以得到爵位和地位，這使人們對戰爭都有一種渴望和期盼，希望戰爭能給他們帶來幸運，只要一聽說要有戰爭了，人們都互相道賀。秦國人都有戰鬥的勇氣，可想而知，秦國怎會戰而不勝呢！什伍連坐法又使一家一戶的人們安於勤耕土地，使農業有了迅速發展，為秦國的稱霸打下了堅實的物質基礎。

三年之後，秦國的面貌大為改觀。人們已習慣了新的習俗，民眾勇於公戰、怯於私鬥，以至於道不拾遺、山無盜賊、鄉野大治。秦國的地位也大大提高，西元前三五五年，秦孝公與魏惠王相會了，這是有史以來秦國的第一次會盟諸侯，它無可辯駁地表明了秦國的地位已經今非昔比。

秦孝公看到變法取得成功，心裡真是高興極了，慶幸自己得到商鞅這樣一位賢才。他對商鞅也就更加尊敬了，升任他為大良造，繼續主持秦國政務，並希望商鞅能輔佐他達到最終稱霸諸侯的目的。

秦孝公的志向高遠，最終目的是稱霸諸侯，為此他於西元前三五〇年遷都咸陽，以便繼續向東發展。

初步的成功，使商鞅長長地出了一口氣。然而，商鞅並沒有因此而沾沾自喜、停滯不前，也沒有因為暫時的成功而放棄變法的繼續深入，更沒有因為舊勢力的表面擁護而忘卻對奴隸制的澈底否定。從西元前三五〇年開始，他開始了第二次變法，使秦國的改革在戰國諸侯中最為澈底。

自從農民的生產積極性被大大調動起來以後，農村經濟有了長足的發展，但隨之而來的土地重新分配便成了亟待解決的社會問題。隨著鐵製農具的出現和牛耕的日益推廣，農民要求耕種更多的土地。針對這一問題，商鞅適時地提出了廢井田、開阡陌的英明舉措。他以法律的形式下令，廢除井田制，重新劃分畝數，以二百四十步為一畝，並設置新的田界，不許私自移動。商鞅還規定，把土地授給農民，並實行土地買賣，按擁有土地的畝數合理地徵收實物地租。

商鞅的這一新的土地和稅收政策，使農民擁有了土地，而授給農民的土地無疑就是原來奴隸主貴族的土地。國家以占田數為依據徵收地租，這就是說奴隸主也要根據占田多少，如數交租。貴族們的世襲特權被剝奪了，如今土地也少了，而且僅有的那點土地還要交租，這可是從來沒有經歷過的。於是他們再也忍受不住了，他們以祝懽為代表，竟不顧商鞅的強權政治，再次掀起反抗的浪潮。

祝懽知道，違反商鞅的法律是要被處罰的，他乾脆召集舊勢力，聚眾反叛，以維護他們的利益。商鞅以鐵腕將反叛鎮壓下去，殺了祝懽。奴隸主貴族在商鞅的威嚴面前怯下陣來。史書記載，這一土地和稅收政策實行五年後，秦國富民強，以至於周天子給孝公送來了祭祀祖廟的貢品。這表明秦國已非以前的戎狄之國，而成了被周天子賴以依託的霸主了。

新的土地制度徹底否定了井田制下的奴隸制經濟，建立的是新的封建制經濟秩序。土地買賣的結果，是使富者田連阡陌，而貧者無立錐之地，農民只能依附於地主，耕種地主的土地，並向地主繳納地租。商鞅徹底改變了秦國的土地制度，確立了地主剝削農民的封建土地關係，這是一件具有重大歷史意義的變革。從此以後，這一制度在中原一直持續了二千年之久。

為了進一步削弱舊的奴隸主貴族勢力，商鞅在村邑組織基礎上設立了縣，從而加強中央與地方的聯繫。縣在獻公時曾建立四個，只是在邊防重鎮局部地區實行。商鞅的重大改革是在秦國普遍推行縣制，全國共分為三十個縣（還有人說是四十一個縣），直屬中央管轄。縣級官吏不能世襲，由國君定期考察，以決定任用、提拔或者罷黜。這與以前奴隸制下貴族以宗法關係世襲占有的封地截然不同，昔日的世卿世祿制度澈底消失了。新建立的縣是聽命於中央集權政府的地方機關，這樣秦國就可以通過縣這一地方政權，把全國的人力、物力統一起來，使秦國中央形成一股強大而集中的力量，這股力量遠遠超過於東方各國，為其他各國所望塵莫及，這對於秦國以後統一六國無疑發揮了相當大的作用。地方縣制的優越性被統一後的秦始皇推廣到全國，並一直推行下去，直至今日。

在經濟領域，國家雖然制定了新的賦稅制度，卻沒有一個統一的量器，這極不利於國家的稅收。於是商鞅制定了統一的斗桶、權衡和丈尺。秦始皇統一中國後把商鞅方升作為標準量器，繼續在全國使用。而秦始皇後期製造的「秦始皇方升」與商鞅方升的容器相差幾乎不到百分之一，可見商鞅頒發的標準度量衡器行之久遠，直到秦始皇統一度量衡後仍然沒有明顯的變化。商鞅的這一重大改革，不但在當時對秦國的經濟發展發揮了重要作用，而且對中國度量衡的統一也產生了極其深遠的影響。

商鞅的歷史功績是不可磨滅的。他以興秦為目的，不但在政治、經濟等方面進行了一系列的改革，而且在社會風氣、習俗等方面也做了脫胎換骨的變更，那就是禁止父子兄弟同室而居的落後習俗。商鞅對此這樣向孝公解釋道：「父子兄弟同室內息是落後的戎狄陋習，戎狄人在秦國占有相當大的比重，秦人深受其影響。父子無別，也就是男女無別，男女無別就很容易導致近親繁殖，這極不利於人口的繁衍以及素質的提高，而秦國地廣人稀，人力不足，對耕、戰都十分不利。所以，若要提高秦國人口的自然增殖與素質，必須禁止父子兄弟同室而居，這不僅僅是改革惡俗，更重要的是為了富國強兵。」孝公覺得商鞅的想法十分在理，便准其奏。

事實上，禁止父子兄弟同室而居，不僅僅是改革陋習、增加人口和富國強兵，其作用還在於防止貴族聚族而居，從而澈底地削弱奴隸主貴族的勢力。這又引起了守舊勢力的非常不滿，他們覺得自己在政治、經濟上的特權都被取消了，現在連自古形成的生活習俗也要被改變，真是有些太過分了。

趙良代表宗室貴戚來見商鞅。商鞅很有禮貌地接待了他。商鞅說：「我請求與先生結交，不知可以不？」趙良笑了笑，說道：「我實在不敢當。孔子有言說：『能禮賢下士的人，有才能之人都紛紛投靠他；而不肖之徒，即使是大賢之人也離他遠遠的。』我本無才，所以不敢受命。我又聽說：『不該居的位子而居此位了，叫貪位；不該有的名望而有了，叫貪名。』我聽君之言，則深恐被看作是貪位貪名，所以不敢受命。」商鞅一聽，便問他道：「莫非先生是說我治理秦國之事吧？」趙良說：「虞舜曾有言：『能自我反省的才是高尚的人。』你不如好好理解一下虞舜說的道理，何必要問我呢。」此時趙良的態度已經是明顯對商鞅不滿，而商鞅卻還是和顏悅色地問道：「秦國最初受戎狄的影響，父子無別，同室而居。現在我改變了這一陋習，以至男女有別，並大造冀闕，宛如禮儀之邦魯國、衛國。你看我治理秦國與五羖大夫相比，哪一個更好？」趙良不客氣地說道：「五羖大夫輔佐秦穆公，其功名藏於府庫，其德行施於後世。今君輔佐秦王，因景監推舉，而並不是因為什麼名氣。為秦相而不為百姓做事，卻要大築冀闕，這也並不是在立功勛。你以黥刑處罰太子的師傅，你對百姓施以重刑，你這是在積怨累禍呀。人民害怕你的威名以至於勝於國君，你對人民的懲罰比國君的命令要重得多。現在你又要移風易俗，實際上你這並不是在行教化。你如今面南而稱寡人，每天都使秦國貴公子繩之以法。迄今公子虔杜門不出已經八年了，你又殺祝懽、黥公孫賈，如此這些，是不得人心的。你每次出行，總是有全副武裝的護衛，如缺少一種武器，你就一定不出來。《詩經》上說：『恃德者昌，恃力者亡。』先生這樣時時處於若似朝露的危機當中，還想延年益壽嗎？先生何不回到你的封地去，棄官務農，並勸告秦王放棄嚴刑酷罰，養老存孤，敬父兄，尊有德，國家也可以稍稍安定一些。如果先生還是一味地執迷不悟，積怨於民，那麼，將來秦王有朝一日一旦駕崩，秦國將怎樣對待先生你，還不是顯而易見的嗎？」

商鞅按捺住心中的怒火，聽趙良把話說完，趙良那從詆毀到勸說，再到最後的威脅，一直都沒能使他動絲毫聲色。他憤感於許多人不理解自己的變法事業，甚至於誹謗攻擊。這也難怪，經過自己多年的努力，舊貴族的勢力已基本被削弱了，他們的特權地位被取消，反對、仇恨也是必然。畢竟自己付出的艱辛沒有白流，變法取得了最終的勝利，這才是令人寬慰的。但是，正如趙良所說的一樣，守舊貴族們把一顆仇恨的種子深深地埋藏在心裡，他們只等待報復時機的到來。

守舊勢力的攻擊和恐嚇並沒能阻止商鞅那鏗鏘有力的變法腳步，在秦孝公鼎力支持下，商鞅最終實施了他的變法主張。商鞅之所以能取得成功，與他堅強的性格有關。商鞅除了具有作為一個優秀改革家所具有的非凡才幹、超群智能之外，他還具備了常人所沒有的堅忍不拔與奮鬥精神。當他抱著滿心的希望、滿腹的才智，企圖在變法氛圍濃郁的魏國實現他那遠大的抱負、一展才華的時候，他遇到的卻是這個朝氣蓬勃的年輕人所始料未及的徹底失望！而這對於意志薄弱的人來說，如此當頭一棒定會斷送他一生的銳氣，然而對於商鞅卻是一個磨練意志的難得機會。他就是在這種千錘百煉之後才練就了堅忍不拔的性格，在以後的變法歷程中闖過了一個又一個難關。首先以他富國強兵的理論有力地說服了賢德之君秦孝公，使孝公視商鞅為知己，並義無反顧地成了商鞅變法的堅強後盾。之後，他又論證了變法的必要性，第一次在輿論上戰勝了守舊落後的反對派，這無疑使變法思想在人們的心中留下了深深的烙印，使人們有了充分的思想準備。在變法過程中，改革極大地刺激了奴隸主貴族們養尊處優的神經，他們意識到長期賴以生存享樂的爵祿世襲大廈將傾，一切富貴榮華即將化為烏有，於是他們群起而攻之。所有這一切，商鞅都勇敢地面對了，他以法律為準繩，甚至太子的老師都在他繩之以法之列，做到了王子犯法與庶民同罪，這對還沒有完全退出歷史舞台的奴隸主貴族來說是無法想像的。而商鞅就是在剔舊出新、改弦更張的歷史年代裡擔當了高舉改革大旗的旗手，他不畏強權，不畏邪惡，勇敢地走在時代前列，奏出改革的最強音，為歷史的車輪滾滾向前推波助瀾。

商鞅借鑑了東方各國的變法經驗，他看到了李悝變法使魏國興盛，而吳起變法雖在一定程度上增強了楚國的國力，但在改革舊制度的政策上卻過於激進，沒有緩衝的機會，最終導致吳起變法失敗。商鞅正是借鑑成功的經驗，吸取了失敗的教訓，從而使秦國的變法高於各國之上，也最為全面、徹底。他首先從政治改革入手，直接面對腐朽沒落的奴隸主貴族階級，取消世爵世祿制，扶持新興的地主階級登上歷史舞台。對於舊的奴隸主貴族來說，面對的只有兩條路，一條是怨天尤人，自消自亡，另一條是改頭換面，走向新生。而商鞅是給予舊貴族以新的出路的，他規定的軍功授爵制並沒有將他們排斥在外，這使一部分比較有遠見的舊貴族重新看到了希望，他們最終成了地主階級的一部分。這也是商鞅變法取得勝利的重要因素之一，奴隸主貴族轉化為地主階級，不但增添了地主階級的血液，壯大了地主階級隊伍，而且使變法的阻力明顯減輕了，同時也加快了秦國的封建化進程。此外，地方政權建立後，地方官吏由中央指派，他們主要是由軍功晉爵的新興地主階級組成，這樣，地主階級不但在中央機構中取代了因沒有軍功而沒有爵祿封官的奴隸主貴族，而且地方政權也為他們所掌握，全國上上下下遍布了封建地主階級的勢力。他們為維護自身利益而效忠國家，自然成了舊貴族勢力的抵制力量，從而客觀上保護了商鞅變法的成果，為變法提供了成功的可靠保障。

政治變革之後，經濟基礎的適時變更也應運而生。商鞅適時地建立了封建土地所有制。允許土地買賣，實則為地主階級暗送一秋波，示意他們收買土地，壯大實力，從而更有效地為封建政權服務。在封建制度剝削下，農民畢竟有了自己的土地，他們的積極性要比束縛在井田之下高得多。解放生產力是社會經濟發展的源泉，秦國因此出現了國富民強的繁榮局面。

針對宗法制度遺留下的陳規陋習，商鞅也做了澈底的清除。商鞅禁止父子兄弟同室內息，不但剔除了男女無別的惡俗，淨化了社會風氣，改變了戎狄之風，使社會向文明的階梯邁進，同時也增殖了人口，有利於秦國耕、戰。總之，商鞅在秦國的一切改革措施都是以富國強兵為宗旨，發展封建經濟，使秦國走上富強之路。事實證明，這一目的完全達到了。

經過改革，秦國的國力、軍力都大大加強了，繼而開始向東發展，而首先進攻的就是魏國。西元前三四〇年，秦孝公接受了商鞅的建議，派商鞅率領秦軍，向東進攻魏國。魏國派公子卬為將迎擊。一個是剛剛變法，氣勢正盛的秦國，一個是新敗於齊，有些受挫，但畢竟是有雄厚根基的魏國。商鞅和公子卬在魏國時是好朋友，於是他給公子卬致信一封，假稱兩軍訂立盟約，不動干戈，永享太平。公子卬竟信以為真，中了埋伏被活捉。魏軍大敗，商鞅大獲全勝。魏國無奈，只好派使者到秦國去講和，並把原先占領的河西之地，交還一部分給秦國，同時把國都遷到大梁。從此以後，魏國勢衰微，一蹶不振。這時候魏惠王想起了公孫痤臨死前向他推薦商鞅的事，不覺十分感慨地說：「我不該不聽公孫痤的話呀！」但此時後悔不已，為時已晚。

秦國從此以後氣勢更盛。然而，隨著秦孝公的去世，公子駟即位當了秦王，舊勢力又開始向商鞅發起猛烈的進攻，他的命運正如趙良所言，極為悲慘。

西元前三三八年，在位二十四年的秦孝公與世長辭。秦孝公一生胸懷改革圖強的雄圖遠略，他具有知人之明，識才之智，為了改革，他不徇私情，這些都是身為封建君主所難能可貴的。更令人稱頌的是，他臨死前曾欲將王位傳給商鞅，以保證變法的長期貫徹執行。如此聖賢之德，堪與古代堯、舜、禹相媲美。孝公的知人善任與商鞅的英雄偉業一同名垂青史。

商鞅堅決拒絕孝公禪位，並向孝公表示一定會盡心輔佐太子。孝公死後，太子駟即位，這就是秦惠文王。心胸狹窄的惠文王對商鞅仍然是懷恨在心。商鞅自知惠文王不會再如孝公一樣器重自己，而如今變法已深入人心，並已達到了強秦之目的，他的抱負已得到施展，終生夙願已經實現，於是商鞅便辭退了官職，告老還鄉。

然而，事情並沒有他所想像的那樣簡單。被剝奪了特權的宗族貴族們，他們對商鞅有著切齒的仇恨，他們在得勢之後恨不得將其千撕萬裂。

秦惠文王即位後，他的老師，那個被削了鼻子十年閉門不出的公子虔這時候也出來了，他對惠文王甕聲甕氣地說：「現在秦國連婦女、兒童都只知道商鞅之法，卻不知是君王之法。商鞅這不是反臣為主了？更何況他還是君王的仇人，當年他陷害臣等，實是對著君王您而來。而且據臣所知，商鞅離開京都後早有謀反之心，希望君王盡快除掉他，以防後患。」惠文王一聽，不由得怒火中燒。想當初，師傅受此惡刑，還不是你商鞅一人所為，如今又要謀反，豈不是太目中無本王了？這位秦惠文王不顧一切，只聽師傅一人之言，下令捉拿商鞅。

商鞅聽到消息後逃走了。他逃到邊境的一個關口，準備在客棧暫住，然後逃出秦國。可是自從商鞅變法，秦國實行戶籍制和什伍連坐法之後，民間百姓處處小心，事事謹慎，唯恐犯法。客棧店主見商鞅行色匆匆，又沒有官文，不知道他是幹什麼的，就說：「按照商君的法律，收留沒有官文的客人是要處以連坐之刑的，這個罪過小人可吃罪不起，還是請客官自便吧。」商鞅被攆了出來，他只好流落荒野，與星星同宿了。這時他才深深地感覺到他所制定的法律實在是過於嚴酷，以至於黎民百姓誠惶誠恐，不可終日。如今自己竟也自食其果，不由得自言自語道：「想不到變法竟變到了我自己的身上，看來是天要絕我呀！」他不由得黯然神傷。

商鞅風餐露宿，來到了魏國。因他曾領兵攻打過魏國，又欺騙了公子卬，與魏國結下了不解之仇，魏國將他趕回秦國。商鞅心裡十分惱火，想當初自己歷盡千辛萬苦為秦國興邦建業，才與魏國結怨，而如今竟落得棄國不能，歸國不得，這可如何是好啊！真是上天無路，入地無門。在萬般無奈之下，他回到了孝公給他的封地商邑（今陝西商縣東南商洛鎮）。在那裡，他集合了兵力，北出襲鄭，企圖在鄭國有一尚存之地。惠文王聽說商鞅真的起兵造反了，更是怒不可遏，他連忙派兵去鎮壓。商鞅的軍隊是臨時拼湊，怎能抵擋住經過自己一手編制、整頓並訓練有術的秦國軍隊！商鞅因兵敗在鄭國黽池被殺。秦國軍隊把這位一代偉人的屍體運回到洛陽，惠文王覺得商鞅的死並沒有消除他心中的怒氣，於是以謀反罪對死後的商鞅施以車裂之刑，並惡狠狠地說：「看誰還敢像商鞅這樣造反！」之後商鞅的全家被害了。

商鞅，一代英烈，就這樣永遠作古。商鞅一生致力於改革，並為此獻出了自己的生命。然而他的名字正如他的變法一樣，永遠為後人傳頌！正如漢代著名理財家桑弘羊所說，商鞅「功如丘山，名傳後世」。

值得慶幸的是，商鞅人雖然死了，但是他的變法事業卻沒有因此而廢棄。秦惠文王雖以極殘酷的車裂之刑處罰了已死去的商鞅，但是，他並沒有倒行逆施，而是繼續執行新法，並使秦國持續穩定地發展著，不斷向東擴張勢力，最後由秦始皇獨霸天下，統一全國。對於秦國由封建制替換奴隸制的這一重大歷史轉折，商鞅在這時期的貢獻是永不可沒的。

# 以夏變夷

經過春秋戰國一大批有識之士艱苦卓絕的改革鬥爭，尤其是秦國的商鞅變法之後，封建制度在中原大地上牢固地樹立了起來。

封建制度取代奴隸制，這是一個歷史的進步。作為第一生產力的勞動者從奴隸制的禁錮中解放出來，大大推動了社會發展。然而，封建盤剝的結果是，農民最終依附於封建地主階級。隨著土地兼併的不斷加劇，終於形成了富者家資巨萬，而貧者無糟糠之食的惡劣局面。男子雖力耕，不足以糧餉，女子雖勤紡，不足以衣服，苦難深重的農民生活在水深火熱之中。後雖有秦漢建立大一統的帝國，仍無法解決這十分棘手的土地問題。隨著西漢社會的經濟發展，又一個特殊的階層——即大商人——出現了。他們與地主階級一道迅速擴充勢力，強占民田、役使和盤剝農民，掠奪財貨奴婢，其中一部分逐步發展成豪強大族，在成為官僚地主之後，便更加有恃無恐地掠奪土地。史載蕭何曾在關中強制買下民間田宅數千萬，霍去病為他的父親買眾多民宅奴婢，淮南王安後荼、太子遷等都曾侵奪民間田宅，甚至漢成帝也曾在民間私置土地。西漢中期以後，擁有三四百頃土地的大地主為數眾多，有些甚至已達千頃以上。例如武帝時酷吏寧成就買田千餘頃，哀帝寵臣董賢得到哀帝賜田就有二千餘頃。

豪強地主名義上是出錢收買土地，實則是強取豪奪，結果越來越多農民破產流亡，絕大多數成了依附於豪強地主的佃客。佃客向地主交租，同時還向政府負擔徭賦，忍受著雙重剝削。他們辛勤耕耘，不避寒暑，到頭來食不果腹、衣不蔽體，父子夫婦不能相保，更有甚者，賣兒鬻女而淪為奴婢。西漢時期的奴婢十分多見，他們分官奴婢和私奴婢。官奴婢多數是罪人及家屬，他們一部分在皇家苑囿、官營手工作坊及其他公共工程中服勞役。元帝時，僅皇室使用的官奴婢就達十多萬人。私奴婢主要是破產農民及其子女，他們在貴族、官僚、地主、富商家中充當僕妾，或服各種雜役。西漢晚期，統治階級生活極端腐朽，家中往往蓄有大量奴婢，以示富貴，以至於奴婢人數達百萬以上。奴婢生無衣食保障，死無葬身之地。非人的生活使他們大量逃亡，並不斷起來反抗，從而成了西漢社會嚴重的不安定因素。農民起義、暴動時常發生，到漢宣帝時，膠東渤海等地的農民暴動，發展到攻官寺、救囚徒、搜朝市、劫列侯的程度，連宣帝自已也不得不說：「百姓貧疾，盜賊不止。」西漢末年，漢政權更是險象環生，農民起義此起彼伏。漢元帝為了懷柔關東豪強，消除他們對西漢王朝的動搖之心，便把漢初以來遷徙關東豪強來充實關中陵寢地區的常制也放棄了。儒生京房曾問元帝為何如此，元帝無可奈何地說：「現在時局如此之亂，還講什麼制度不制度的。」

除了社會如此動盪之外，國家的財政收入也極其微弱。奴婢成了豪強的私有財產，隨著奴婢的增多，稅收也就越來越少，以至於國庫空虛，國貧民窮，國家無一年之蓄，百姓無十日之儲。

然而，面對這種困境，統治階級仍渾然不顧，皇帝大興土木，昏憒至極，官吏貪汙奢侈，腐化成風。成帝為趙昭儀修建昭陽舍，盡其豪華；著手營建昌陵，企圖與秦驪山之陵相媲美。皇帝如此，眾臣爭相效仿，互比淫侈。丞相張禹，每次宴請賓客，總是輕弦妙曲相伴，嬌伎美女相陪，飲酒作樂，晝夜無別。至於外戚王氏更是奢僭驚人。到了哀帝時，災荒連年，飢民遍野，西漢王朝雖已朝不保夕，而哀帝仍毫無收斂之意。他不但自己奢華極度，而且為寵臣董賢起豪宅，修冢塋，至於平時賜給董賢及親屬的金錢、財物也是動輒以千萬計。統治階級如此奢華，千千萬萬勞動人民卻在死亡線上掙扎，起義、暴動此起彼伏，西漢王朝已搖搖欲墜。

面對這種嚴峻的社會危機，一些有識之士意識到，若要拯危救難，必須進行一場社會改革，只有改革，才能挽救這一岌岌可危的封建大廈。這一改革思想，以哀帝時師丹的限田方案最具代表性。

西元前六年，哀帝即位。哀帝剛剛即位之時，將原來的錦繡帷帳都換成絹布，人們感到這位新上任的皇帝很可能有振作之意。在這種情況下，輔政的師丹便乘機進言，指出了當時十分嚴重的社會弊端，提出了限田和限制占有奴婢數量的主張。哀帝覺得師丹所說確實在理，便讓他與孔光和何武一同議定一個改革方案，以解決現有的危機。很快方案制定出來，內容是：諸王、列侯以至吏民占田以三十頃為限，超過規定的都要沒收歸公；占有奴婢數根據地位的不同而有差異，諸王最多不超過二百人，列侯、公主一百人，以下至吏民三十人。商人不得占田，不得為官。其他還有一些邊邊角角的改革，涉獵的面也很廣。方案上交到皇帝手中，哀帝一看，覺得這些規定還真能解決一些問題，對自己的政權統治有利而無害。於是他便批准了這個方案，並擬好了詔書，準備頒發。

但這改革詔書還沒有發出去，就立刻引起了權貴的群起反對，尤其是外戚丁、傅兩家以及哀帝的寵臣董賢態度十分堅決。限田、限奴婢會傷害他們自身利益，他們怎能不反對呢？問題是這股反對力量實在是太強大了，以至於朝廷上下幾乎沒有幾個人支持這一改革方案。哀帝本來就不是什麼振作自強、力挽狂瀾之君，他看詔書引起權貴們如此不滿，就連忙把詔書收起，不再頒發。師丹的限田方案成了一紙空文。

限田方案破產了，西漢固有的社會問題依然存在，而且越演越烈，西漢王朝的危機與日俱增。在這一緊要關頭，王莽篡奪了漢家政權，建立了新朝。然而新莽政權不但沒有挽救這一根深蒂固的社會危機，反而更加激化了矛盾，使整個社會變得一片混亂。新朝成了一個短命的王朝，在歷史的煙波浩渺中蕩然無存了。繼王莽之後建立的東漢政權，更加旗幟鮮明地維護地主階級的利益。到了東漢後期，政府日益腐敗，門閥勢力日益膨脹，豪強勢力日益擴張，最後出現地方割據局面，中原進入了三國鼎立時期。

呈鼎足之勢的魏、蜀、吳三國都勵精圖治，努力進取，試圖完成統一大業。由於他們力量對比並不太懸殊，虎熊之爭，難分勝負，誰也沒能如願。與此同時，三國各自為政，長期征戰，大大地影響了社會經濟的發展。其後有西晉短期統一，但由於西晉統治集團的腐朽、朝廷內外爭權奪利鬥爭不斷，階級矛盾和民族矛盾都十分激烈，西晉很快就滅亡了。

西元三〇四年，匈奴貴族劉淵利用匈奴人民仇視西晉統治的情緒，在離石（今屬山西）起兵反晉，他自稱是劉漢政權的後裔，建國號為漢，並於西元三一六年興兵滅了西晉。

劉淵自稱是漢朝的後繼者，建立的政權也叫漢，但身為匈奴貴族的劉淵，並不懂得緩和民族矛盾的重要性，相反他卻採取胡、漢分治的辦法，壓迫漢人，使民族矛盾更加激化，政權的統治也很不穩定。西元三一八年，劉漢為劉曜的前趙所滅，此後幾十年的時間，先後有石勒的後趙，冉閔的魏，鮮卑慕容氏的前燕、後燕、北燕、西燕和南燕等政權建立，最後由氐族苻堅建立的前秦統一了北方。西元三八三年前秦與東晉爆發了著名的淝水之戰後，前秦政權土崩瓦解，北方又重新陷入混亂。各小國又紛紛建立，彼此征戰吞併，廝殺不斷，人民苦不堪言，流離失所。正因為如此，北方各族人民急切盼望著統一，等待著統一。是北魏完成了這一歷史使命。

在很久很久以前，位於嫩江西北部的大興安嶺地區，居住著古老的慕容拓跋部民族。當時共有九十九個氏族的三十六個遊牧狩獵部落（後來演變為八個部落）組成了部落聯盟。後來，有一個酋長叫推寅，他把整個部落南遷到大澤，也就是今天的呼倫池。後又傳了八代，潔汾當酋長時，又向南移，經過大山深谷，九難八阻，最後終於到達了匈奴故地。西元二五八年，酋長力微率部移居盛樂（今內蒙古自治區托克托縣）地區，由於當時曹魏政權從這裡撤消了雲中、定襄等郡，所以拓跋部才得以順利發展。

此時的拓跋鮮卑，由於定居於漢人的集中區，受漢文化影響極大，社會進步很快。當時酋長力微的兒子沙漠汗曾兩次到洛陽去訪問，在洛陽一共滯留八年，這八年使他接受了更多漢文化，並決心回國後有所作為。但是，就在他歸國的途中，那些守舊的部落大人們，怕沙漠汗回國後變革舊俗，竟無情地把他殺害了。由此可以看到，當時的守舊勢力何等強大，他們固守著本部落自古因襲的舊俗，十分恐懼漢文化的影響和滲透。

西晉後期，猗盧建立了國家，取名代，從此拓跋鮮卑族也加入了北方征戰的行列，但不久被前秦所滅。西元三八六年，道武帝拓跋珪重建國家，改國號為魏，建都盛樂（今內蒙古自治區呼和浩特西南）。

拓跋珪是拓跋部的傑出人物，他息眾課農，學習漢族的農業技術，使國家有了穩定的經濟基礎，同時征服了一些北方的遊牧部落，俘獲大批人眾和牲畜，使拓跋部由此迅速強大起來。強盛的魏國開始東征西討，首先大舉進攻後燕，奪得并州，又東出井陘，進入河北各州郡，陸續占領了信都、中山、鄴等重鎮，基本平定了關東地區。

道武帝拓跋珪在位期間，比較重視接納和吸收漢文化。他曾命令吏部尚書崔宏通署三十六曹，置五經博士，增加國子太學生名額；又聽從博士李先的建議，命令郡縣蒐羅書籍，送到平城；同時效法魏晉中正制，命令郡縣舉賢才以充實政府機構。他的這些措施無疑對北魏社會的進步以及加速封建化的進程具有進步意義，使魏政權更加強盛起來。

從此以後，北魏威震北方。太武帝拓跋燾時，連年征戰，進攻柔然，攻打夏國，並於西元四三一年，滅了鐵弗部的夏國。西元四三二年，北魏圍困北燕都城和龍（今遼寧朝陽），攻陷郡縣多處，並遷徙燕民三萬家到幽州。西元四三六年，北燕終於屈服於魏，將和龍宮殿焚燒，向東逃到高句麗而亡國。

北魏滅夏平燕，至此聲威大震，從此以後，北魏大軍，浩浩蕩蕩向西域進犯。西元四三七年，魏首先派使者到達西域，烏孫王親自為嚮導，領魏使者到達破落那（即大宛）、者舌（即康居），其他各國也都遣使通魏，達十六國之多。西元四三九年，魏太武帝親自統兵進攻北涼，北涼滅亡。這樣西晉末年以來的十六國紛爭局面終於結束了，北魏完成了北方的統一大業。

統一給社會帶來的進步是無法估量的，戰爭的結束，意味著社會的安定，生產的恢復，人民的幸福。那麼，在群雄稱霸中，為何北魏能一枝獨秀、一舉奪魁，在各國紛爭中立於不敗之地呢？究其原因，最主要的就是，北魏政權在與中原接壤之後，受到了封建經濟文化高度發達的漢文化衝擊，他們能面對時局，適時地調整統治政策，使拓跋部本身的氏族關係逐漸瓦解，並建立了封建統治秩序。與此同時，北魏統治者意識到了漢族地主對其統治的重要價值，極力籠絡漢族上層分子。早在西元三九六年道武帝奪得并州時，就積極招引漢族士人，充實統治機構，並讓崔宏等人立官制，制禮儀，定律令。西元四三一年，太武帝征招中原士族范陽盧玄、博陵崔綽、趙郡李靈、河間邢穎、渤海高允、廣平游雅、太原張偉等幾百人，給他們以官爵。北魏滅夏時，又得到趙逸、胡方回等儒生。滅北涼後，把河西儒生闞駰、索敞、胡仲達和祖籍中原的常爽、江式等人遷到平城，讓他們教授生徒、整理經籍、考訂律制、撰修國史、傳播詩文、釐訂文字等等。

北魏政府之所以籠絡一些漢族士人，這是對中原地區軍事占領的需要，是政治統治的需要，甚至也是軍事鎮壓的需要。

但是，拓跋貴族與漢族地主的矛盾並沒有因此而消除，這種矛盾有時甚至很尖銳。道武帝滅燕後，強徙境內守宰、豪傑、吏民二千家到平城，就是為了加強對漢族地主的控制，消除他們的反抗意圖。明元帝詔征各地豪強地主入京為官，州郡對被召的人加以逼遣，釀成了很大的騷動，直到太武帝時，還有一些關東地主不願出仕，把到平城做官視為畏途。太武帝最親信的漢人士族崔浩，由於反對北魏與南朝為敵，又提倡族姓門第，竟慘遭殺害，株連九族。

北魏統治者對漢族地主懷有極大的戒備和敵視心理，對反抗他們的漢族以及各族人民則更是無比的仇恨。北魏與後燕的參合陂一戰，後燕無數士卒降魏，都被坑殺。在太武帝攻打劉宋時，他們不但殺盡丁壯，而且毫無人性地刺穿嬰兒於槊上，然後開懷大笑。替他們征戰、賣命的非鮮卑族士兵命運也同樣如此，每次戰爭，鮮卑族騎兵都強驅徒步前進的漢人和其他少數民族士兵，使這些人即使不死於敵手，也喪生於鮮卑騎兵的鐵蹄之下。當魏猛攻劉宋盱眙時，太武帝致書宋將臧質說：「圍城的兵盡是氐、羌、匈奴和丁零，如果你軍殺死他們，正可以減少北方各地的反魏力量，對北魏沒有什麼不利。還是請你軍快快投降吧。」這是何等赤裸裸的表白啊！民族歧視使被征服的漢族和其他少數民族人民過著極其悲慘的生活。北魏統一北方的戰爭，是以民族征服和軍事掠奪為基本目的和主要內容，每次大規模的戰爭結束後，北魏統治者都要把俘虜賜給鮮卑貴族、功臣，充當奴婢，或者充作政府的軍戶、隸戶、牧子、伎作戶和雜戶，等等。奴隸終年衣不遮體，食難果腹，還經常受到慘無人道的大屠殺。軍戶、隸戶、雜戶等各種依附戶受到北魏政權的嚴密控制，為其服各種雜役，生活也極其貧苦，而且世代相襲，永無翻身之日。

北魏統治者對漢族以及各族人民實行如此殘酷的民族高壓政策，怎能不激起各族人民強烈的反抗。

從北魏建國到魏孝文帝太和九年（西元四八五年），一個世紀的時間裡，各族人民的起義多達八十餘次，從逃亡、抗租、射殺官軍，到舉行大規模的武裝起義，鬥爭的形式多種多樣。各民族的人民還經常聯合抗爭，如西元四四五年的蓋吳起義就是各族人民聯合舉行的大規模武裝鬥爭。魏孝文帝即位後，農民暴動幾乎連年發生，太和元年（西元四七七年），秦州略陽王元壽起義、懷州伊祁苟初起義，太和四年（西元四八〇年）雍州氐民齊男王起義、洮陽羌人起義、徐兗地區司馬朗之起義，太和五年（西元四八一年），平城沙門法秀密謀利用宗教作掩護聚眾起義。

各族人民方興未艾的反抗鬥爭，迫使北魏統治者不得不考慮如何緩和與各族人民的尖銳矛盾。與此同時，正因為如此複雜的民族矛盾和階級矛盾，北魏的政權統治已岌岌可危了。這使統治者意識到，要想繼續在中原地區統治下去，就必須改變鮮卑舊俗，接受漢族文化，進行徹底的漢化改革。魏孝文帝拓跋宏完成了這一偉業。

西元四六九年的一天，北魏的都城平城熱鬧非凡，這裡正舉行冊封大典，三歲的拓跋宏被立為皇太子。小小的孩子什麼也不懂，他的祖母也就是獻文帝拓跋弘的母親馮氏馮太后，在一旁微笑著，向前來祝賀的文武百官點頭致意。群臣們都知道，眼前的這位太后才是當今政權的直接操縱者，獻文帝確實鬱鬱不得志。正因為如此，皇帝厭倦了這個沒有實權的權位，兩年之後，將皇位傳給了年僅五歲的拓跋宏，自己做起了太上皇。

孝文帝即位之後，一直由馮太后輔政，二十年後的西元四九〇年，馮太后病故，孝文帝才獨掌朝政。可以說，馮太后對孝文帝的影響十分巨大。

馮太后，即文成文明皇后，她生於長安，是漢族人。馮太后的原籍在今河北冀縣，也就是當時的長樂信都。十六國時期，他的祖父馮弘和伯父馮跋都曾是北燕國的國王。北燕滅亡後，父親馮朗降魏，後來曾擔任過秦、雍二州的刺史，姑母成了魏太武帝拓跋燾的昭儀。不久，父親馮朗因反叛被殺，她便入宮由姑母撫育成人，十四歲被選為魏文成帝拓跋濬的貴人，後來因為她知書達理、有膽有識而被立為皇后。

由於家庭的熏陶、教育，使她通曉漢族傳統文化和封建治國經驗。馮太后躬親撫養孝文帝長大成人，她完全用漢族文化、儒家經典來培養孝文帝，以至於使孝文帝從小就雅好讀書，手不釋卷。所學範圍也十分廣泛，五經之義、諸家史傳、莊老之學等等無所不包。他才華橫溢，好作文章，詩賦銘頌，隨口吟來。對於一位少數民族的封建帝王來說，漢學水平達到如此程度，實在是難能可貴。

孝文帝的成長與馮太后的教育絲毫不能分開，正因為如此，他對馮太后既尊敬又孝順，在他親政之前，事無鉅細，都要稟報太后，「請祖母決策」這是他常說的話，每當大臣們讓他裁決時，他都這麼講。

馮太后確實非一般的女流之輩，她具有一位政治家的才幹和素質，足智多謀，能行大事，生殺賞罰，當機立斷，因此威震四方。正是由於馮太后潛移默化的影響，孝文帝也成了一位深慕華風的封建帝王。

歷史發展到祖孫二人統治時期，這個靠武力征服建立起來的王朝，已矛盾重重，危機四伏了。時代在呼喚改革，呼喚用漢文化來根本改變這個征服民族所固有的落後，於是馮太后、孝文帝的改革應運而生。這場轟轟烈烈的社會變革以吏治的改革拉開了帷幕。

北魏初年，這個以軍事統治為主的政權，由於每發動一次戰爭，便將戰利品分給部將，長此以往，就形成了百官斷祿制。沒有俸祿的結果，使他們盡情地搜刮、掠奪，中飽私囊。統一北方之後，由於很少發生戰爭，官吏們得到的封賜相對減少，這又使貪汙腐化達到無以復加的程度。

太武帝時，派平南將軍公孫軌到雍州徵收糧餉，公孫軌藉機每戶多收絹一匹，貪汙為己用。公孫軌死後，太武帝對崔浩說：「上次我出行到上黨，沿途百姓都說，公孫軌不但受賄，而且縱賊，以致現在餘奸不除，這都是公孫軌造成的。他剛上任時，是騎著一匹馬，自己拿著鞭子來的，等到卸任時，竟從車百輛，滿載而歸。此人幸而早死，否則我定治其滅門之罪。」由此可見，官吏的貪汙之風是何等盛行，北魏的官僚政府是何等腐敗。

針對這種狀況，魏太武帝曾採取嚴懲的辦法打擊貪官汙吏，但收效不大。孝文帝太和初年，官吏們仍橫徵暴斂，不思利民之道。馮太后也曾試圖以嚴懲來煞住貪汙之風，她於太和三年（西元四七九年），曾把貪贓不法的秦州刺史尉洛倍和雍州刺史宣都王日辰處以死刑。但是這一臨時性的打擊措施並不能從根本上制止官吏的貪汙之風。這使馮太后敏銳地意識到，對官吏實行斷祿是官場腐敗的根本原因。於是，她在太和八年（西元四八四年）實行班祿制，即給百官以俸祿，這樣，孝文帝為帝時期的改革政令推出了。

班祿令規定，官吏以官職的大小而給予不同數量的土地和穀調，即給予俸祿。其中刺史給土地十五頃，太守十頃，別駕八頃，縣令郡丞各六頃。同時頒布了嚴懲貪贓枉法的新法律，只要貪汙一匹絹就要處死刑。以此表明朝廷整治吏治的決心。

從常規來看，政府給官吏以俸祿，解決官吏的生活之需，這是一件大快人心的好事，應該使百官拍手稱快才對。但實際上，政府給的俸祿，哪抵得上官員平日貪占搜刮所得！皇親國戚、達官顯宦們攫取巨贓的門路被堵死了，他們自然要跳出來反對。

孝文帝的舅爺、秦益二州刺史李洪之反對最甚。李洪之長期以外戚顯貴自居，早已養成了貪婪暴虐的惡習，家資上億，生活奢侈無度。班祿制實施後，他照例貪贓無誤，自以為是皇親國戚，馮太后也不會拿他怎樣。正因如此，馮太后考慮了他的特權地位，決定殺一儆百，以利於變法的進一步推行。李洪之事情敗露之後，被戴上了枷鎖，迫令自殺。

面對強大的反對勢力，馮太后和孝文帝不但沒有退卻，相反卻義無反顧地行使法律的尊嚴。同年秋，又對文武百官進行嚴格的審查，有四十多名地方官員被處以死刑。如此的嚴刑酷罰終於暫時煞住了官吏的貪汙賄賂之風，使官場風氣大為改觀，吏治改革取得了明顯效果。

但是，這種平靜只是表面的，在達官貴人的心中，一直難以忘懷以前的那種強取豪奪，富貴榮華。如今屈服於政府的法律，不得不克制自己貪婪的慾望，心裡真是難受極了，他們真希望能早一天恢復斷祿，取消俸祿制，重新找回自己的奢侈豪華。他們努力想使夢想變成現實，終於有一天，他們的代言人淮南王拓跋佗站出來說話了。

一次早朝，拓跋佗啟奏道：「臣啟陛下、太后，自從實行俸祿制以來，懲處了眾多國家命官，致使官吏怨言很大。而且給官吏俸祿，增加了人民負擔，人民也十分不滿。既然此制度如此不得人心，臣請求恢復斷祿制。」

馮太后知道拓跋佗對俸祿制不滿，於是就針對這一問題讓群臣討論，徵求大家的意見。這時只見中書監高閭說道：「在飢寒難擋的情況下，即使是慈母也不能保其子。現在給官吏俸祿，則廉潔的人可以不至於過於清貧，貪婪的人受到了約束。如果不給俸祿，則貪者肆無忌憚，廉者不能自保。而淮南王說恢復舊制斷祿，取消俸祿，你將以何為生呢？」

這一問，把拓跋佗問得面紅耳赤，站在那裡一聲都不敢言語了。馮太后和孝文帝聽了，心裡很高興，這表明朝廷內並非都是貪官汙吏，還有廉潔正直之士支持著改革。他們看到班祿制已深入一部分官吏的心中，更堅定了變法的決心和信心。

班祿之爭，使馮太后和孝文帝充分認識到，官吏的素質十分重要。於是他們繼續實行俸祿制之後，又制定了釐定官制、調整結構、考核官吏等一系列措施，使北魏政權機構日臻完善。

如此徹底的吏治改革，使各級官吏都能忠於職守、廉潔奉公，漢族地主中許多有才學之人也能充實到北魏政府中來，使北魏政府充滿了生機和活力。吏治改革的成功，為經濟領域裡的全面改革以及全盤漢化奠定了組織基礎。

北魏初年，除了政治矛盾層出不窮之外，經濟上也危機四伏。十六國時期，由於長期割據戰爭，使北方地區的農業生產遭到了極大破壞。北魏統一後，曾採取勸課農桑等一些措施，但效果並不明顯，到孝文帝時期，仍有大面積土地荒蕪。同時，百姓流散，強宗豪族肆意侵凌，他們乘機兼併土地，包庇蔭戶，形成宗主督護。政府所掌握的戶籍不實，國家的稅收無幾。針對這種狀況，馮太后和孝文帝進行了均田制、三長制和新租調制等經濟領域的三大改革。

西元四八五年，北魏政府頒布了均田令，對國家土地實行再分配，以期發展農業生產。均田令規定了十五歲以上男子可受露田四十畝、桑田二十畝，女子受二十畝露田。與此相對應的賦稅制度也做了調整，即一夫一婦每年出帛一匹、粟二石。這樣，均田與稅收都是以一夫一婦為個體單位，形成了新的組織結構。同時接受了李沖的建議，改變過去的宗主督護制，而實行五家立一鄰長、五鄰立一里長、五里立一黨長的三長制度。鄰長、里長和黨長的主要職責是檢查戶口、催督租調、推行均田，從而形成了新的地方行政組織。三長制與均田、新租調制三者相輔相成、互為促進，對經濟的發展以及國家的稅收都極其有利。

但是，三項改革對於作為地方豪強的宗主貴族來說，無疑是一種權力的剝奪。他們所兼併的土地沒有了，他們所庇護的人丁沒有了，他們曾經擁有的權力也被取消了，這一切都使他們感到十分氣憤，於是在一開始便激烈反對。

一天，朝內中書令鄭義、祕書令高祐、著作郎傅思等發起了攻勢。高祐首先進言道：「臣啟太后、陛下，李沖所主張的立三長制，實際是欲使天下混亂之法。它聽起來似乎可用，但實際上卻很難執行。」鄭義接著說道：「臣的意見也是如此，三長制是不切實際之想。如果不信臣等之言，可以先試行一下，只有失敗了，才知道臣等說的不錯。」傅思也連忙補充說道：「實行舊制，為時已久，如今一旦改制，恐怕會致混亂。」

馮太后聞聽此言，不容辯駁地說道：「立三長制，則課賦都有了統一的標準，可以把被包庇的蔭戶查出來，使豪強地主不再存僥倖心理。這種制度有萬利而無一弊，有什麼不可以實行的呢？」

大臣們見太后如此意志堅決，而且也知道太后向來行事果斷，賞罰嚴明，尤其是前時對李洪之的懲罰還清晰地記憶在人們的腦海中，所以他們都害怕起來，再也不敢言語了。這樣，在太后的堅持下，三長制以及均田、新租調制等改革措施得以澈底貫徹，並在其後不久，其優越性便明顯地表現出來了。

經過前期的改革實踐，在馮太后和孝文帝的艱苦努力下，抵制了反對派一次次的非議，不但對官吏實行了班祿，而且在此基礎上進行了澈底的吏治改革。新的經濟改革也極大地促進了北魏社會經濟的恢復和發展，並增加了政府收入，增強了國力。政治、經濟改革的成功，也緩和了北魏業已存在、十分嚴重的階級矛盾和民族矛盾，使面臨危機的北魏政權可以堅實地屹立於中原大地之上了。

太和十四年（西元四九〇年），馮太后因病去世了。這對於年僅二十三歲的孝文帝來說，無疑是個嚴峻的考驗。舊貴族們開始蠢蠢欲動，他們要借此機會，取消新法，恢復舊制。

馮太后去世之後，孝文帝鄭重向大臣們宣布：太后之制不變！太后法律不變！這個年輕的皇帝，不但繼承了馮太后的改革精神，而且把改革更加深入地推進一步，使拓跋鮮卑進行澈底的漢化改造。

馮太后的歷史功績可以說是不可磨滅的，她付出的艱苦努力，抵制住了種種壓力，對一個野蠻的、尚武的少數民族實行了一系列的改制，並取得了初步成效。更主要的是，她親手培養了一代聖主明君，使鮮卑民族漢化的理想早已在她的繼承者心中紮下了根，而這正是她的事業得以繼承和發揚的重要因素。

孝文帝親理朝政後，決定把祖母的改革事業深入下去。當時，宗室貴族的勢力太大，北魏宗室及功臣子孫中被封王的很多，他們常常仗勢胡作非為。孝文帝為削弱他們的勢力，下詔道：「除了烈祖的後代以外，各王都降為公，公降為侯，但官品如舊。」

在首都平城，孝文帝躬親助耕，以鼓勵生產。皇上剛剛舉起一鍬土，立刻被風吹起，吹得滿身、滿臉全是沙土，如此惡劣的自然條件，使人們無論怎樣努力，這裡的農業生產效率都很低。相反地，黃河流域在實行新的經濟政策之後，便迅猛地發展起來，在國家經濟生活中的地位也不斷提高。這些都使孝文帝感到，對黃河流域的統治，已經有些鞭長莫及了。

就在孝文帝不知如何是好的情況下，一天，中書監高閭對皇帝說：「凡是帝王無不以中原為正統，我朝也應依據儒家的陰陽五行，定為土德。」皇帝明白了他的意思，但是聰明的孝文帝在他的啟發之下，一下子悟出了另一層內涵，那就是連高閭自己也沒有想到的，遷都中原。

孝文帝忽然間豁然開朗了，是啊，為什麼以前就沒有想到呢！平城本來就是在軍事掠奪的過程中所構建，整個都城都被尚武的氛圍所籠罩著，這裡極適於用武，而不適於文治。在武力統一北方之後，只有一種穩定的、祥和的氣氛，以文治國，才能使政權長治久安。而且平城是鮮卑貴族保守勢力的老窩，如想在這裡繼續深入地移風易俗，恐怕會難上加難。更何況，平城北部柔然不斷侵襲，很不安寧。看來，只有遷都，這些問題就會迎刃而解了。但是，孝文帝清楚地知道，遷都可是牽繫著鮮卑人根本利益的大事，他們貪戀本土，難捨在故土的既得利益，如果貿然行動，他們必定會群起反抗，遷都之事定難成功。於是，一個周密的計劃在孝文帝的心中形成了。

西元四九三年五月的一天，孝文帝與群臣商議，大舉伐齊。他說：「商湯、周武王革命，都是應天順人。現在，朕要行湯、武之志，進兵齊國，一統天下。眾卿意向如何？」群臣一聽，又要發生戰爭了，心裡雖不贊同，卻也不敢發表反對意見。但是，尚書任城王拓跋澄說道：「今齊國還未見滅亡之兆，依臣看，陛下出師遠征，並不是很吉利。」孝文帝厲聲說道：「國家社稷乃是朕的社稷，任城王你還想違背朕的意願不成？」拓跋澄毫無畏色地說道：「社稷雖為陛下所有，但臣也是社稷之臣，怎麼能明知陛下所為對社稷不利而不加以阻止呢？」孝文帝知道任城王有理，但他真害怕任城王會影響他的行動大計。過了許久，孝文帝才說道：「人各有志，何必要大傷感情呢！」

孝文帝在實施計劃的第一步，就遭到了忠誠之臣的反對，他感到有必要與任城王說個清楚，他想如此直言進諫之臣一定會全力支持自己的宏偉事業。回宮後，孝文帝便立刻召見任城王拓跋澄。孝文帝對他說道：「剛才大殿之上，朕怕人人都反對我，阻撓我的大計，所以才對先生聲色俱厲。」他讓身邊的人退下，繼續說道：「我國興自朔北，徙居現在的平城，這是個用武的地方，而不適合以文治國。現在朕想移風易俗，而道路卻十分艱難，朕想借這次南征之機而遷居中原，不知卿以為如何？」

任城王一聽，恍然大悟，原來皇帝是志在遷都，以利於更好地移風易俗，他這位忠正之臣自然是非常贊同。他說：「陛下原來是想定居中原，然後經略四海，這是行周、漢興隆之舉，臣自當竭力相助。」

孝文帝見任城王果然贊同自己，心裡自然很高興，於是便跟他商量道：「北人戀故土，他們對此一定會極力阻撓，該怎麼辦呢？」任城王說道：「此乃非常之事，只有非常之人才能做到。陛下出自一片聖心，他們也奈何不得。」孝文帝由衷地說道：「任城王，你真是朕的知己啊！」

孝文帝這回有了任城王拓跋澄的支持，他的行動便順利多了。就在這一年的九月，魏孝文帝親率三十萬大軍南下伐齊。

九月的天氣，正是秋雨連綿。三十萬大軍在泥濘的道路上艱難地行進著。這時探馬來報，前面就是河南洛陽城了，眾人一聽，無不興奮已極。到了洛陽這一落腳點，可得好好歇歇了！這些人已經是人睏馬乏，疲勞不堪了。然而，當大軍剛一到洛陽，孝文帝就下令：「繼續南下，不得停歇！」

此令一下，眾將士都吃驚不小。這時，李沖等人跪在孝文帝馬前，流淚苦諫：

「陛下今日之舉實為天下所不願，而唯獨陛下堅持南征，臣等實在是心有餘而力不足，所以冒死請求罷兵。」

孝文帝大怒道：「朕剛剛經營天下，立志要一統全國，而卿等卻屢次阻撓。你們都不要再說了，否則就要治罪。」

這時早已受不了長途雨中行軍折磨的眾將士、臣子，都一起跪下，齊聲說道：「懇請陛下罷兵。」孝文帝看到元老眾臣們已經中了自己的圈套，便說道：「現在我們興師動眾，率三十萬大軍南下伐齊，如果無功而歸，何以見世人？朕世代深居朔北，早想南遷中原，如果依照眾卿之意不再南伐，那麼就應遷都於此。眾卿之意如何？」

正當大臣們不知如何是好之時，孝文帝又命令，要他們立刻表態，同意的站左邊，不同意的站右邊。心腹大臣們率先紛紛站到了左邊，許多大臣心裡雖不願遷都，但是一想到如果南伐，不但路途艱辛，而且更害怕在刀光劍影的戰場廝殺中丟掉自己的性命，兩者權衡，他們就不得不同意遷都之舉。

當然，也有大臣當場表示反對。燕州刺史穆羆就對孝文帝說：「遷都事關重大，依臣看，恐怕不可。」孝文帝問：「為什麼不可？」穆羆舉出了幾條十分可笑的理由，說什麼，四方未定，九區未平，征伐之舉得需戎馬，如到中原則沒有馬等等。實際上他自己也不知為何不能遷都，只覺得應該不能。孝文帝聽了，就問大臣們：「還有誰有異議？」尚書於果、前懷州刺史青龍、前秦州刺史呂受恩等，都說不明白孝文帝為何要遷都。孝文帝和顏悅色地給予解釋，他們也就接受了這個既成事實。

就這樣，孝文帝運用自己的聰明才智，以非常的謀略，終於使遷都這一保守勢力定會全力阻撓的大事，輕而易舉地實現了。

孝文帝在洛陽的首場演出以成功而宣告結束了，他命人快馬加鞭，在洛陽修築宮殿，做定都的一切善後工作。

然而，對平城該怎樣交代呢？孝文帝心存一絲憂愁。他有些擔心那裡的守舊貴族會聚眾造反，但他轉念想到手中握有的權力，便又恢復了自信。

當任城王返回舊都平城，向留守在那裡的鮮卑貴族宣告遷都之旨時，眾人無不十分驚駭：原來孝文帝南伐是假，遷都是真！這消息太突然了，任城王拓跋澄只好動之以情，曉之以理，引經據典，對他們進行開導工作。經過一番思慮之後，他們覺得皇帝既然已經將生米煮成了熟飯，自己再反對也無濟於事了，莫不如就接受這個既成的事實吧。大多數貴族準備南遷，平民百姓在經歷了最初的震動之後，也開始遷徙。

但由於受到傳統觀念和多種利益的制約，有少數人堅決反對南遷。於是，便發生了恆州刺史穆泰、定州刺史陸叡、安樂侯元隆等人密謀反抗之事。

穆泰等人接到皇帝的遷都令之後，大為不滿，便在一起商量，如何抵制南遷。上書反對已毫無意義，拒不南行，也不被允許。於是，他們鋌而走險，聚眾反抗。

穆泰等人的反叛，令孝文帝十分憂慮，他對任城王拓跋澄說：「穆泰圖謀不軌，引誘宗室叛變，這都是因為遷都造成的。北人戀舊，如此的南北紛爭，朕恐怕洛陽要立不住了。現在朕派你快速北進，如果反叛勢力薄弱的話，你可以直接擒獲，如果他們勢力強盛，你就徵調并、肆二州的兵力進行鎮壓，雖然他們是王爺犯法，但這關係到社稷安危之大事，請愛卿不要手軟。」

拓跋澄見皇上信任自己，很激動，便說：「穆泰等人本來就是愚蠢之人，他們只是依戀北土，而並非有什麼遠圖。臣當盡心盡力，平定叛亂，請陛下勿憂。」

於是拓跋澄出兵恆州。當行至雁門時，有人報告說，穆泰已西據陽平，而且弓強馬壯，屯兵據守。拓跋澄知道後，便快速向陽平進發。右丞孟斌對他說：「依我看形勢不可低估，應徵召并、肆兵力，然後步步為營，向前進攻。」拓跋澄不這麼認為，他說：「穆泰既然叛逆，就應該據守他所在的恆城，而他卻轉守陽平，說明他兵力薄弱，我們應該快馬前進，出其不意，定能平定叛亂。」果然，他派李煥為先鋒，便擒得了穆泰，其他黨羽被俘，陸叡、元隆等百餘人皆入獄。

穆泰等保守勢力的反抗被平息了，孝文帝成功地完成了遷都大業。但是，守舊的鮮卑貴族戀舊情緒卻很難一下子扭轉，以至於發生了太子恂帶頭企圖逃離洛陽之事。

太子恂，平時就不愛讀書，不明大禮，又因為長得膘肥體胖，很受不了洛陽夏日的酷暑炎熱，整日拿把扇子，東遊西蕩，無所事事。一想起平城的涼爽，不免思鄉之情油然而生。他時常懷念著北方，追憶著北方。太子的思緒正迎合了大部分念舊思故、反對遷都之人的心理，很多人就利用太子向孝文帝發難，這對在洛陽的統治極為不利。

當時的中庶子高道悅曾多次告誡太子要支持父親的事業，潔身自愛，以免生出禍患，可太子就是不聽。孝文帝出行松岳，令太子留守洛陽，他便企圖乘此機會逃奔平城。太子召集了一些人馬，殺了高道悅，準備從西掖門出城。但守門將軍拓跋儼把守嚴密，太子沒有成功。

第二天一早，早有人飛馬報告孝文帝，孝文帝一聽，臉都氣白了，他從沒有想到自己的親生兒子、今天的太子、未來的皇帝竟然公開反對自己！太子不支持自己的事業，那麼太子即位後，所有的改革事業都將前功盡棄，自己畢生的心血都將化為烏有，想到這，孝文帝不禁一陣心寒。他不允許任何人阻止自己的改革步伐，即使這個人是自己的兒子，為了使變法順利進行，孝文帝決心予太子以嚴懲。

孝文帝當即火速回京，立刻召來太子。太子垂頭喪氣，剛走進殿門，他便大罵太子不孝，並親自下殿杖打太子。事後，孝文帝和群臣商議是否廢掉太子，太子的老師穆亮和李沖連忙跪在孝文帝面前，苦苦地為太子求情，並摘下帽子表示要替太子受過。孝文帝見二位老臣如此忠心耿耿，不免有些感動，但為了自己矢志不渝的變法事業，他必須執法嚴明，懲罰太子以警戒國人。於是他說道：「二位愛卿為太子求情是因為私人的感情，而朕所考慮的是國家的利益。古人云，大義滅親。現在太子企圖違父背尊，逃歸朔北，天下哪有這樣無父無國之人？你們何必要包庇這樣的人。此小兒今日不除，乃是我國家之大禍，朕決心已定，你們就不要再說了。」

眾人見孝文帝如此大義滅親，也就不敢多言了。孝文帝將太子恂廢為庶人，並派人看守。後來中尉李彪又密奏說太子企圖謀反，孝文帝一怒之下，便將其賜死。這樣，太子拓跋恂結束了短暫的十五歲生命。

孝文帝以賜死太子為代價，穩定了新都洛陽的局勢。保守勢力看到孝文帝對兒子都不放過，他們再也不敢起來反抗，也就安於定居洛陽了。

然而，遷都洛陽，並不是孝文帝的最終目的，他要使鮮卑族達到澈底的漢化，並為此繼續努力不懈。

語言是交流的重要工具，鮮卑人在民族形成過程中形成了自己的語言。遷都之後，不同民族之間的人民很難溝通，更不利於鮮卑人對漢文典籍的學習、研究，不利於汲取漢族豐富的文化營養。孝文帝決定改變這種狀況。

西元四九五年的六月，孝文帝下令：「朝廷內任何人不得說鮮卑話，違令者，必免官罷職。」此令一下，朝廷內外立刻就像炸了鍋一樣。這些朝中大臣祖祖輩輩、世世代代說的都是鮮卑話，如今一下子要改變它，實在是有些強人所難。孝文帝也看出了這一難度，便做了調整，他以三十歲為界，凡三十歲以下的必須用漢語交談。

但是，即使這樣，人們也覺得很難接受，於是孝文帝與大臣們做了一次長談。

孝文帝召見眾臣，他說：「眾愛卿，你們想不想讓我們魏朝與歷史上的殷周齊名、與漢晉並美呢？」

咸陽王拓跋禧連忙說：「陛下聖明御運，實願超前王，留名青史。」

孝文帝接著問：「如果這樣，那麼怎麼才能實現這一願望呢？是修身改俗呢，還是因襲舊制？」

拓跋禧回答：「應改變舊俗，以成欣欣向榮之勢。」

孝文帝又問：「這種局面是只停留在一代，還是要傳之子孫久遠呢？」

拓跋禧說：「當然是要傳之後世萬代。」

孝文帝於是說：「既然是這樣，一定要改革更新。眾愛卿應適應這種改弦更張，不應違背！自古以來的各種典章制度以及經史子集，無不是用漢語寫成的。我們鮮卑人只有斷北語，行漢禮，才能與中華民族宏大的文化融為一體。我以三十歲為界，三十歲以下的必須都說漢語，你們都要牢固地記住。長此以往，漸漸地形成了一種習慣，就能風化日新了。如果仍襲舊俗，恐數世之後，洛陽之地到處都是披髮之人了。」接著，他又說：「朕曾經與李沖論及此事，李沖說：『四方之語，哪有什麼誰是誰非，皇帝所說的就是正音，何必要改舊從新呢。』李沖說這話，應判死罪。」

李沖一聽，嚇得直冒冷汗，這時又聽皇帝點自己的名，說道：「李沖，你肩負著國家社稷之重任，說出如此守舊之言，按理應該懲處。」

李沖連忙請罪，眾大臣也都幫著講情，才使李沖得以免罪。孝文帝如此認真的態度，使得朝廷內上下有了統一的認識，這項改革得以順利實施。斷北語，說漢話，是孝文帝漢化改革的重要部分，對鮮卑人的漢化過程發揮促進作用。

漢話在鮮卑人的口中傾吐自如了，而滿口漢話的鮮卑人如再穿著舊有的胡服，則顯得很不協調。鮮卑族久居北方，以狩獵為生，男人編髮左衽，婦女則穿著夾領小袖短襖，頭戴小帽。孝文帝也要改變這種生活習俗。他讓尚書李沖和馮誕、游明根、高閭等人反覆討論改革方案，並讓巧思多藝的陸少游花了六年的時間研究漢族服裝樣式。當漢式服裝定型後，孝文帝立即下令，不分男女，一律改穿漢裝。這樣朝廷內外，煥然一新，朝野上下，宛若漢人集居，孝文帝的漢化改革得到了進一步的深入。

但是，保守勢力總是要對新事物進行頑固的抵抗。有一部分鮮卑貴族始終不願改變舊的習俗，其中元老拓跋丕就是最為堅決的一個。他認為自己一生一世都在繼承祖業，如今老了，很難改變早已形成的生活習慣。孝文帝很尊重他，因為他是元老重臣，更主要的是，他支持別人都服漢服，孝文帝特許他一人可以穿著鮮卑服裝入朝。這是孝文帝網開的一面，而對其他人的戀舊行為，他都予以堅決地取締。有一次，他從前線返回洛陽，看到有些鮮卑婦女仍然穿著夾領小袖的胡服，就把留守京城的官員叫來大加訓斥一頓，他說：「昨天我看見一些婦女仍穿胡服，我外出時期，你為何違背詔令？」留守官吏連忙請罪，並表示督察此事，以功補過。過了一段時間，孝文帝有一次去鄴城，他發現車上的人仍然戴冠帽著小袖襦襖。他十分惱火，立即將任城王拓跋澄叫來，嚴厲指責他身為尚書，為何不察。任城王看孝文帝如此的惱怒，就說：「穿胡服的人還是少於不穿的，他們占少數。」孝文帝聽了更加火冒三丈，他厲聲怒斥道：「這可真是奇怪呀，難道你任城王還想讓全城的人都再穿胡服不成？」

由此可見，對於人們業已形成的風俗改變，並不是一朝一夕所能完成的，它需要改革者努力不懈和鍥而不捨的精神，孝文帝正是通過這種努力，才得以實施移風易俗。

對於人們生活習慣的改變，行政命令雖然具有一定程度的無比震懾力，但是，在人們的心中，返祖歸根一直是人們魂牽夢繞的願望。無數鮮卑貴族，他們屈服於孝文帝的權威，不得已定居洛陽，並學漢語，說漢話，穿漢服。但是他們有一個最終的願望，那就是死後回到朔北，歸葬祖宗的身旁。這種對故鄉的思念雖是情有可原，但它卻使人心渙散，心身兩處，嚴重影響孝文帝漢化改革的實施。針對這種狀況，他於太和十九年（西元四九五年）規定：「凡是遷居洛陽之民，死後都要葬於河南，不得北遷。從此以後，從平城南遷的人，都是河南洛陽人。」孝文帝的這一規定，將鮮卑人的籍貫都給改變了，澈底斷絕了鮮卑貴族回歸舊土的念頭，他們無奈，只有死心塌地地沐浴儒風漢習了。

孝文帝將鮮卑人的根都給挪植、遷移了，鮮卑人生活中的一切都變了。從此以後，鮮卑拓跋氏就世世代代生在洛陽、死在洛陽，按照漢人的生活方式而生活著。而且就連姓氏也被孝文帝改變了，將絕大部分鮮卑姓氏改為漢姓，使鮮卑人根本忘記自己曾經是鮮卑人。他首先以身作則，將皇姓拓跋氏改為元氏，這也就是孝文帝拓跋宏為何叫元宏的緣故。他又把太祖以來的八大著姓都改為漢姓，即改為穆、陸、賀、劉、樓、於、嵇、尉姓。

孝文帝改姓氏，是為了使本民族與漢族更為接近，具有很深遠的意義。但是，他在改姓氏的同時，也將魏晉以來十分盛行的門閥制度引到北魏官僚機構中來，他給予八姓最高品級，並授以高官厚祿，八姓以外的鮮卑貴族，也都規定了不同的流品。門閥制度在中原已經落後了，而孝文帝為了實現全盤漢化，竟不顧李沖的反對，完全照搬過來。孝文帝在門閥重建以後，嚴格按照門第高低來選拔人才，鮮卑貴族借助於以貴承貴、以賤襲賤的門閥制度，完成了自身的門閥化，同漢族士族幾乎沒有什麼差別了。但鮮卑貴族也因此很快便腐朽了。這是孝文帝改革的失誤之處。

孝文帝使一個野蠻、落後的民族，一改過去的胡風野氣，使北魏王朝的異族色彩消泯殆盡，與昔日定都中原的漢族封建政權可以相提並論了。這正是孝文帝以及他的祖母馮太后通過不斷努力，在與頑固勢力進行艱苦卓絕的鬥爭之後所取得的。孝文帝的改革取得了圓滿的成功。

改革者擁有的權力是改革成功的基本保障，與此同時改革的成功也是與改革家的自身素質和良好品格分不開。

孝文帝自幼受馮太后嚴格的漢族式教育和培養，馮太后是一位了不起的知識女性，她不但使孝文帝接受博大精深的漢文化熏陶，而且力主改革，並為孝文帝的改革打下了堅實的基礎。孝文帝和馮太后，他們同樣具有順應歷史發展趨勢的遠見卓識，能衝破狹隘的民族偏見，具有膽識和氣魄，對落後的鮮卑民族進行全面的漢化改造，並在同各種各樣反對勢力的鬥爭中，表現了他們作為政治家所具有的堅定性格和頑強毅力。事實證明，欲變法革新總是會遇到守舊勢力的阻撓，而改革越是澈底，鬥爭也就越激烈。孝文帝澈底的改革就是在同保守勢力的艱苦鬥爭中取得的。

在改革過程中，孝文帝以身作則，他最先與漢族地主通婚，娶李沖女兒為夫人，以盧氏、崔氏、鄭氏、王氏四姓之女為妃。他帶頭改姓氏，將拓跋氏改為元氏。禁胡服時，他首先穿起了漢族服裝。每一項改革措施推出後，他身為皇帝，都身體力行。在一國之君的帶動下，各級官吏和平民也都漸漸地唯命是從。孝文帝大義滅親之舉也是使變法順利實施的重要因素之一。

改革家的才智和謀略是至關重要的。改革是一項偉大的系統工程，孝文帝和馮太后正是在確立改革目標的基礎上，制訂合理的計劃，並按照預定步驟實施，正因為改革是按步驟、有計劃、一步步進行的，才使無數牽動鮮卑人習慣的改革，幾乎沒有遇到強烈阻撓，一一順利通過，這一切不能不歸功於孝文帝這一傑出改革家的過人睿智。

經過孝文帝改革，北方社會經濟得到了顯著恢復和發展，手工業和商業都相應地有所發展，社會出現欣欣向榮的局面，從而為北朝末年結束分裂對峙，實現全面統一奠定了堅實的基礎。

孝文帝作為一個少數民族政權的改革代表，在少數民族以鐵蹄踐踏中原之後，他以遠見卓識的頭腦敏銳地意識到，只有用中原漢文化來改造這個征服民族，才能使自己的政權得以鞏固，因而果敢地將鮮卑族進行了全面而澈底的漢化改造，不但穩固了鮮卑拓跋氏在中原建立的政權，而且對於促進各少數民族進步，以及推動北方各民族的大融合，都發揮了巨大的積極作用。從此以後，鮮卑族以及其他一些少數民族，在經濟生活方式、語言、風俗習慣等方面，與漢族之間的差別日見消泯，各族統治階級之間也早已打破華夷有別的民族界限，實際上渾然一體了。這種民族大融合的實現，使中國歷史上持續了二百多年的南北對峙局面抹去了民族矛盾的內容和色彩，轉變成為統一與分裂的鬥爭。正因為如此，才出現了隋唐時代絢麗多彩的文明。

從這一層意義上來說，北魏孝文帝為民族融合，樹立了一座不朽的豐碑！

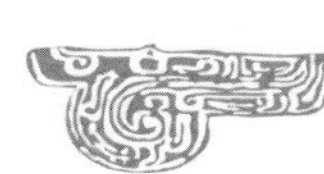

## 曇花一現

經歷了魏晉南北朝分崩離析的局面之後，中國歷史又步入了隋唐的統一和集權。隋唐時期，是中國封建社會發展的巔峰，政治宏威大振，經濟欣欣向榮，文化成為東方各國文明的搖籃。如此的繁榮盛世是經歷楊堅、李世民、武則天、李隆基等幾代傑出政治家和改革家艱苦卓絕的努力所換來的，是他們創立了豐功，建築了偉業，締造了輝煌。但在二個世紀的鼎盛之後，值得驕傲和謳歌的大唐帝國終於走上了它的末途。

唐玄宗李隆基創造出開元盛世之後，便陶醉於歌舞昇平之中。他不再銳意進取，而變得荒淫無度，嫉賢妒能，養奸成患。從此唐王朝開始走向下坡。日益加劇的階級矛盾和統治階級的內部鬥爭，終於爆發了長達八年之久的「安史之亂」。之後，藩鎮割據局面形成，河北、山東、河南、淮南和嶺南等地區形成無數大大小小的軍閥，他們時常發生戰爭或叛變，使國家殘破、民不聊生，社會各種矛盾更加激化。終於在全國境內爆發了推翻唐王朝的農民大起義，大唐王朝也迎來了滅亡的命運。

唐亡後，開始了五代十國，中原再一次經歷分裂、動盪的考驗。從西元九〇七年起，到九六〇年，中原地區相繼出現了梁、唐、晉、漢、周五個短命的王朝，歷史上稱作「五代」。與北方五代同時，南方分別建立了前蜀、吳、閩、吳越、楚、南漢、南平、後蜀、南唐等九個王朝，加上北方的北漢，歷史上稱作「十國」，統稱「五代十國」。在僅五十年的時間裡，王朝更迭如此頻繁，割據政權如此之多，實為罕見。這種局面的出現實質上是唐朝末年藩鎮割據的延續。

但是在形成分裂爭雄割據的局面時，一個走向統一的趨勢又開始孕育，由後周的殿前都點檢趙匡胤於西元九六〇年在陳橋驛發動兵變，建立了北宋政權。

趙匡胤黃袍加身，便當了皇帝。以兵變奪取皇位，在動盪的五代時期是司空見慣的，問題的關鍵是，北宋是不是也會成為一個短命的王朝？趙匡胤輕易奪取的皇位，會不會有人也爭相效法，再來一個黃袍加身呢？這不能不使人憂慮。與此同時，初創的北宋政權面臨的形勢十分嚴峻，北方有十分強大的遼國，太原有北漢政權，南方還分布著南唐、吳越、後蜀、南漢、南平等國，北宋僅囿於中原一隅。即使是北宋境內，軍閥割據勢力仍十分強大，他們在各地擁兵自重，稱雄一方。所有這一切，都使趙匡胤清楚地意識到，欲穩固政權統治，實現統一大業，唯一的出路就是加強中央集權。

一次，趙匡胤設宴款待高級將領慕容延釗、韓令坤、石守信、王審琦等人。這些人都是他奪取政權時的親信或功臣，君臣情同手足，自然是縱情暢飲。酒至酣時，趙匡胤忽然對石守信等人說：「朕如果不是諸位相助，何以有今天。但是為君真是太艱難，倒還不如為節度使時快樂，朕何嘗一夜得以安寢！」石守信等人一聽，無不感到奇怪，心想這是怎麼了，太祖得了皇位為何反倒不安寢了呢？於是忙問其中緣故。趙匡胤長嘆一口氣，唉聲說：「這並不難知，天子之位，誰人不想得呀！」此話一出，眾將立刻全都明白了，趙匡胤是怕他們重演黃袍加身之故技，要奪他們的兵權了。石守信連忙跪地說道：「陛下怎麼出如此之言，如今天命已定，誰還會有二心呢？」趙匡胤神情凝重地說道：「你們固然是沒有異心，但是你們的部屬如貪圖富貴，一旦有一天將黃袍也加在你們身上，你們能不幹嗎？」這話說得再明白不過了，在座的將領們嚇得汗流不止，個個涕泣漣漣，乞求解除兵權。不久，眾將都以各種理由離開了京都，解甲歸田，趙匡胤給予他們豐厚的金帛財物。趙匡胤就這樣杯酒釋兵權，使全國兵權收歸己有。

在收奪兵權的基礎上，宋太祖趙匡胤實行了整頓軍制，改革中央官制以及削弱地方政權等一系列加強中央集權的措施。他取消禁軍的最高將領，由三司統率，以分散將帥權力，將帥只有指揮作戰權，而調兵權直接控制在皇帝手中，從而杜絕了軍事將領擁兵割據的可能。

政權機構中，宋太祖在中央削弱朝中重臣的權力，主要是宰相的權力，在宰相之下添設參知政事，並把晚唐五代時權宜設置過的樞密使和三司使定為常設官員，以樞密使分取宰相的軍政大權，以三司使分取宰相的財政大權。對地方州郡長官的權力，也給予削弱，不許地方官兼任一個州郡以上的職務，財權和兵權也都收歸中央政府，其他諸如司法、選人等都由中央政府統管。這樣北宋的各種權力都高度集中到中央，集中到皇帝手中。這個高度集權的行政體系，讓北宋初期那種混亂的社會局面迅速穩定下來，使趙宋集團在建國之後的二十年裡，不但鞏固了這個在尚武氛圍下建立的政權，而且東征西伐，終於在西元九七九年完成了統一大業。

事情往往物極必反，矯枉過正。正是由於如此過分地集權，使各項政策都存在著許多消極因素，隨著時間的推移，便開始惡性膨脹。宋太祖趙匡胤為加強皇帝的權力，以防政權傾斜，事無鉅細，他都要躬親審理。據說，他為朝政鞠躬盡瘁，勤勤懇懇，每天三更起床，夜半方寢，如此辛勞，奏摺還是不能批完。相比之下，群臣卻都無事可做，也無權做事。這就是宋太祖高度集權的政治，群臣的積極性很難調動，這個機構很快也就運轉失靈。除此之外，為了使官吏分權，無謂地增加了許多新機構和新官員，造成機構重疊，官吏冗繁，行政效率降低，政府負擔加重。另外，軍隊實行「更戍法」，將不知兵，兵不知將，軍隊戰鬥力大受影響。總之，在加強中央集權的同時，又矯枉過正，其結局就是使北宋王朝很快出現積貧積弱的國勢。

應該說，這種局面的形成不能完全歸咎於宋太祖的改革。宋太祖在天下還沒有統一、藩鎮割據勢力還十分強大、剛剛建立的政權還不十分穩定的特定國情下，運用鐵的手腕，採取一些過於激烈的措施，使宋朝沒有成為繼五代之後的第六個短命王朝，並完成了統一大業，這不能不說是趙匡胤的高明之舉。問題是，在特殊的歷史環境過後，他的繼承者們應適時調整這一過度政策，建立在和平時期所應有的統治秩序。但十分可惜的是，自太宗趙光義以後，真宗趙恆、仁宗趙禎、英宗趙曙都是墨守成規的無能之輩，他們坐享其成、不思進取，當宋初制定的一系列政策不再適應新形勢的需要時，他們不能進行有效的調整，使社會的各種矛盾日益激化。到宋仁宗趙禎統治的慶歷年間（西元一〇四一～一〇四八年），已出現了「冗兵、冗官、冗費」的全面社會危機。

北宋建國二十年後統一了中原，按理說統治者應罷兵歸農，扶持農桑，使百姓休養生息。但是宋統治者不但沒有這麼做，而且還愚蠢地大規模擴充軍隊。每遇災年，政府為了防止災民造反，竟把成千上萬的災民招募為兵，使他們有軍糧可吃。這樣年復一年，軍隊的數量急驟上升，而戰鬥力卻日益下降，以致在對遼、夏作戰中，不斷戰敗。越是如此，宋政府就越加擴充軍隊數量，以期以量取勝。宋政府如此失當之舉的結果是使軍隊惡性膨脹。當初在削平割據勢力、統一全國時靠的軍隊僅是三十萬左右，慶歷時鞏固政權卻使軍隊擴充到一百四十萬之多。這是一個十分驚人的數目，當時一年總計收入也不過六千餘萬錢，而養兵的費用竟達五千萬，天下六分之物，五分用來養兵，如此巨大的軍備開支，無疑給財政帶來極為沉重的負擔。冗兵的結果也使農村勞力不足，田園荒蕪，國家稅收也大受影響。

再看看北宋的政府機構。宋初，趙匡胤為充實政府中文官的不足，採取科舉考試的方式大量吸收地主階級知識分子。這本來具有積極的意義，但到後來卻流於形式，考試不嚴，名額不斷增加，同時更為滿足政權分立之需，以至於湧入政府的官員源源不斷。與此同時，北宋官員享有「恩蔭」的特權。「恩蔭」，就是皇帝對大臣和功臣的子孫賜予官職，也叫「任子」。這種制度，漢唐以來就有，但在宋朝卻達到了前所未有的氾濫程度。皇帝登基、過生日都要對百官施以恩蔭，三年一次的祭天典禮有蔭，甚至皇帝結婚、生子等都有蔭。官吏級別越高，得恩蔭的人就越多，如一個二品宰相，不但子孫親戚，就連他的門客、私人醫生等都能沾光得到官職。如此之官，數不勝數，北宋的官僚機構也就越來越臃腫了。仁宗時，內外官員達二萬多人。而官吏的待遇還十分優厚，一個宰相和樞密使的月俸是三百貫，還發給春冬服裝和各種生活日用品，即使是僕人的衣食也由政府供給。每逢節慶吉日，都有各種恩賞，動輒賜給大臣數千兩白銀，多的達萬兩。官吏數量大，待遇豐厚，政府開支也就十分巨大了。

總之，冗兵、冗官的後果必然是造成冗費。仁宗時，軍費耗銀高達一百二十五萬兩，官吏費用更是無數。此外，與遼、夏戰爭失敗，還有巨額賠款，這些都使財政面臨著嚴重的困境。北宋政府把如此沉重的費用負擔，完全加在勞動人民的身上。

北宋人民的生活極其困苦。他們在經歷了五代混戰帶來的痛楚之後，並沒有得到休養生息，生活負擔反倒越來越重。北宋政府不斷增加課稅，以解決財政危機，使得百姓轂未離場，帛未下機，已非己所有，一年到頭，農民繳納賦稅之後，所剩無幾。此外由於宋初實行不抑兼併的土地政策，使得土地兼併十分嚴重。大官僚地主田連數千，農民被迫淪為佃戶。仁宗時，佃戶達二分之一以上，他們不但受政府盤剝，更受佃主的欺榨，人民再也難以生存下去了，唯一的出路就是起來反抗。

仁宗即位時，各地農民起義頻繁爆發。慶歷三年（西元一〇四三年），在河南、河北、山東、山西、陝西、四川、湖北、湖南、江西等地，都有小規模的農民起義，其中聲勢較盛的是王倫領導的起義和張海、郭貌山領導的起義。王倫本是京東路沂州的一個士兵，他發動兵變，並且黃袍加身，署置官吏，建立年號。陝西地區張海、郭貌山領導的起義軍，攻破州縣，打開府庫，分散財帛，斬殺貪官汙吏、惡霸地主。這支軍隊曾使北宋統治集團極為驚惶，宋軍調集上萬軍隊也沒能鎮壓下去，最後不得不特立賞格，招募敢死士，才將其殘酷地鎮壓下去。在湖南桂陽的瑤族等少數民族也展開了反抗北宋政府的鬥爭，而且一直持續五年之久，到慶歷七年（西元一〇四七年），宋政府採取了安撫政策，派遣官員到山區起義軍聚集地宣布安撫條款，這場鬥爭才宣告結束。

境內如火如荼的武裝起義，使北宋政權處於嚴重的社會危機之中。面對風雨飄搖的宋室江山，不少有識之士開始擔心起國家的命運，他們連連上疏要求仁宗進行改革。

仁宗寶元二年（西元一〇三九年），宋祁上疏，指出社會危機主要是因為官吏臃腫、軍費耗資巨大、僧道氾濫無數，如除去此三冗三費，朝廷就會曠然高枕。這是一個很切中要害的意見，但是這一主張並沒能引起仁宗的重視，宋仁宗臥於柴薪之上，竟還高枕無憂，以致危機越演越烈。面對這種積貧積弱局面，一些有識之士進一步大聲疾呼變法圖強。慶歷二年（西元一〇四二年），歐陽修進言：整頓吏治已勢在必行。尹洙也上疏疾言：朝廷如若再因循固守，將弊壞日甚。在改革呼聲的強烈推動下，宋仁宗終於意識到他處於險象環生的緊迫形勢。尤其是面對慶歷三年以後出現的眾多武裝起義，仁宗開始日夜恐慌起來。於是他急於擺脫困境，便迫不及待地起用維新派范仲淹等人進行改革，慶歷新政就是在這樣的歷史背景下產生。

范仲淹，字希文，西元九八九年的盛夏，出生在徐州一個小小的地方官家庭。童年的范仲淹就經歷了父親早亡、母親改嫁、受繼父之辱等生活的磨難，這使年幼的他過早地成熟、自立。青年時代的范仲淹，刻苦讀書、虛心好學。二十三歲那年，在強烈求知慾的驅使下，他到應天府書院求學。在那裡，范仲淹閉門不出，晝夜苦讀，終於在西元一〇一五年金榜題名，一舉中了進士，從此開始了他的仕途。

范仲淹為官不同於當時眾多的平庸之輩，他是抱著救國救民的遠大抱負而走入仕途的。面對北宋已成積弊的社會問題，他從做官的第一天起就立志扭轉這種局面，使宋王朝走上繁榮強盛之路。

范仲淹為地方官時，便在沿海地區興修防潮堤壩，為人民謀福謀利。與此同時，他向朝中宰相們上疏，建議朝廷重臣以國家利益為重，因時變革。

當時的宰相多是不思進取的守舊官僚，他的進言自然沒有收效。但是他的才幹和見識卻使他到了京都，從此入朝為官。最初任秘閣校理，也就是負責圖書的管理、編寫、校勘等事。范仲淹的直言敢諫引起了宋仁宗的注意，不久，被仁宗命為諫官。利用這一有利的條件，范仲淹開始頻繁地上言進諫，極力主張朝廷興利除弊。正在這時，西夏寇邊，范仲淹臨危受命，抵禦了西夏，立下赫赫戰功。慶歷三年的春天，宋仁宗召回范仲淹。

宋仁宗決心除舊更新，改弦更張，朝廷內外立刻為一種維新的氛圍所籠罩。慶歷三年三月，宋仁宗增設諫官，成立了由歐陽修、王親、蔡襄等人組成的知諫院，旨在重用維新志士，同時對守舊派，開始罷免官職。四月，皇帝下詔，召回各地公卿，以商討當世急務。當時皇帝原打算以守舊派夏竦為樞密使，召京議事。歐陽修、蔡襄諫言道：「夏竦在陝西執事，不肯盡力，畏懼怯懦，致使邊境時時告急。陛下想勵精圖治，卻任用如此懷詐不忠之臣，怎能有所建樹呢？」中丞王拱辰也說道：「夏竦經營西北邊境，如今無功而歸，這樣的人任樞密使之職，何以使宋室江山永存萬世呢？」仁宗聽了勸告才有所醒悟。當時夏竦得詔後已快馬加鞭，到了國門之外，馬上就要面見皇帝、走馬上任了。在萬分緊急關頭，右正言余靖意識到，如不早早讓皇帝做出決斷，夏竦必堅決面見仁宗，流淚落涕、苦苦哀求，再有左右為其求情，皇帝必會為其所迷惑，於是余靖連連上疏，言夏竦之惡。這一招果真靈驗，仁宗立即下詔讓夏竦先回家待命，並同時下詔，任杜衍為樞密使。這樣，維新派以閃電戰術首次戰勝了守舊派，為變法奠定了組織基礎。守舊的呂夷簡、王舉正也相繼被罷免。范仲淹被任命為參知政事，韓琦、富弼為樞密副使，歐陽修、蔡襄、王素、余靖等為諫官，一時間改革派在朝廷中占了絕對優勢。

范仲淹多年的改革夙願終於有了得以施展的機會，他的心情無比激動。憶想曾經上書當朝宰相，以期他們能使國家變法昌盛，自己的憂國憂民之心，蒼天可鑑，日月可表。如今自己終於可以得心應手、一展才華、報效朝廷了，這一機遇是多麼的來之不易！范仲淹決心傾其所有，全力以赴，澈底改造積貧積弱的北宋社會。他清楚地意識到，社會痼疾已日久根深，並不是一朝一夕所能改變的，必須制定一通盤周密的政策方案，要慎重從事。

宋仁宗這個才疏學淺的無能之君，他之所以主張變法，是因為他的統治已左右搖動了，如再不做適時的調整，將傾的大廈必將毀於一旦。在朝不保夕的情況下，宋仁宗才接受了改革者的大聲疾呼。仁宗顯得迫不及待，只想急功近利。他為範仲淹單獨找個地方，並起名叫天章閣，讓他在那裡日夜思考，儘早拿出改革方案來。范仲淹在仁宗皇帝的一再催促下，推出了他的十項改革方案，即明黜陟、抑僥倖、精貢舉、擇長官、均公田、厚農桑、修武備、推恩信、重命令、減徭役。宋仁宗都一一採納，並以詔書的形式頒布天下。這樣，歷史上又一次挽救危亡的改革運動在中原大地上展開了，這就是慶歷新政。

范仲淹改革概括起來說，涉及了政治、經濟、軍事等諸多方面。他針對經濟領域裡徭役不均、不務農桑、水利漸廢、民庶凋敝的事實，實行了減徭役、均公田、厚農桑等改革措施。而最主要是政治領域裡對吏治的改革。

北宋統治機構中官吏隊伍龐大、臃腫，是政權職能失控、官吏腐敗無能的癥結所在。而吏治冗濫、腐朽的原因是在官吏的選擇上存在明顯的失誤，恩蔭法和科舉的錯誤導向，使官吏氾濫為災，而又無治國之能。針對這些問題，范仲淹提出了明黜陟、抑僥倖和精貢舉等改革措施。明黜陟，就是改革過去的磨勘之制。磨勘，也就是官吏憑年頭陞遷，文官只要年滿三年就可升職，武官五年一遷。這樣的制度使官吏只講資歷年限，不問政績如何，以至於上下官吏終日飽食，無所事事，只是消磨時光，陳陳相因。范仲淹對此予以堅決整治。他規定，要嚴格考核官吏政績，成績突出的提前晉陞，才能出眾的，也要破格提拔，而那些老疾愚昧、貪贓枉法之徒，一律罷官懲處。為了更有效地實行對各地官吏的考察，范仲淹在各地設立按察使，並親自擇定人選，任命張昷之、王素、沈邈、施昌言、李絢分別為河北、淮南、京東、河東、京西按察使，考核官吏，以決定是否任用。范仲淹也親自拿來班簿，將不才之官一筆勾掉，當時在場的富弼不無擔心地說：「一筆勾之容易，豈不知這會使一家為之哭泣。」范仲淹果斷地說：「一家哭泣總要比一路人哭泣好得多。」就是這樣，范仲淹將那些不才之輩全部罷免。

庸官、貪官一時被罷免，這並不難做到，難的是堵住庸官、貪官之來源。針對這一點，范仲淹採取了十分有效的措施，那就是調整科舉制度和恩蔭法。科舉考試側重於治國安邦之策，將以往的背誦詩賦經典列於其後，以此來選拔經國治世之才，提高官吏隊伍的素質。恩蔭法是官吏冗濫的一個重要原因，范仲淹對恩蔭做了嚴格的限制，規定以後吉日、節日等都不再恩蔭；即使是被恩蔭之人必須通過銓試，否則不以預選；子孫必須年過十五，弟侄要年過二十，以此杜絕童稚授官的笑話。此種改革，對官吏特權加以限制，有效地控制了官吏人數。

在歷史上，范仲淹的吏治改革是很徹底的，他既懲治了汙吏，罷免了冗官，又解決了冗官之源。然而，也正因為此，改革遭到了守舊派的強烈反對。

早在呂夷簡當宰相時，范仲淹所顯露的新思想就遭到守舊派的攻擊和誹謗。當時是仁宗景祐三年（西元一〇三六年），呂夷簡為相，范仲淹曾向呂夷簡進獻百官圖，建議他如何號令百官，使公私職權分明，更有效地行宰相之責。這使呂夷簡很不高興，他對這位被貶睦州又被覆官的開封府知州並沒有什麼好感。那還是在范仲淹入朝不久，他發現仁宗的母親章獻太后權勢過重，便公然上書太后，勸她還政仁宗。因此觸怒了太后，以致被貶。現在對丞相呂夷簡也同樣有失恭敬，自然是遭到不滿。後來，朝廷又議論建都洛陽之事，范仲淹也發表了自己的看法，他說：「洛陽地勢險固，而汴梁則平坦無險。如處於太平無事年間應居汴梁，如遇戰事，必居洛陽。所以應在洛陽廣積儲備，修繕宮室。」仁宗拿不定主意，就問呂夷簡這一意見如何，呂夷簡對仁宗說：「仲淹迂闊不切合實際，務名無實。」這一結論無疑將范仲淹貶得一文不值。范仲淹聽到後，情緒激動，義憤激昂，以《四論》上疏仁宗皇帝，目的在於譏切時弊，並說：「想當初漢成帝信任張禹，對外戚不加防範，故有新莽之禍。臣恐怕今日也有張禹，壞陛下家法。」呂夷簡一聽此言，更是怒不可遏，他斥責范仲淹越職言事，離間君臣，並誣陷他聚結朋黨。從此他們結下了不解之仇。

時過境遷，幾年以後，呂夷簡罷相，范仲淹當政，實行改革。呂夷簡告病還鄉，從此靜觀時勢變遷，不動聲色。然而，對於大多數守舊官吏來說，按察法使許多冗官失去權勢，恩蔭法的調整使官僚的特權受到了限制，被一筆勾掉的官吏，不滿情緒自不待言，這些人聯合起來，為保護自己的既得利益，對范仲淹等改革派群起而攻之。

首先反對新法的是監察御史劉湜。劉湜在變法前行使對官吏的監察職責，權力很大。實行按察法後，范仲淹親自任命各地按察使，行使對官吏的任免、監察之權。中央的監察御史有名無實，這就等於削奪了劉湜的權力，劉湜屢次上書，譴責按察法把州縣官吏弄得人心惶惶，無所適從。他說：「自從行按察法，派按察使到各地以來，各地官吏都惶惶不可終日，他們不知道自己的命運如何，更無法安心做事，這樣嚴重破壞了各衙門的正常秩序。」無獨有偶，監察御史劉元瑜也提出強烈的反對意見，他主要是針對磨勘法而言的，他說：「官吏陞遷不按資歷年限而按政績，這就會使百官不知廉恥，競相爭官，為取得政績而不遺餘力，從而完全搞亂了祖宗舊法，應該盡快廢除。」反對派對新的貢舉法也大加攻擊，說什麼新的科舉制選擇的人才都是政治投機者，而非真才實學。對恩蔭法的變更，反對的人更多，他們說對恩蔭的限制，有違皇恩浩蕩，實在亂國亂民。有一些地方官吏，如京西轉運使陳泊、張升等人拒不執行新法。由此可見，新法面臨的阻力是何等巨大。更嚴重的是，以夏竦為首的反對派對變法志士進行惡毒的人身攻擊，手段之卑鄙，用心之狠毒，史不忍書。

夏竦曾任西北統帥，是個詭計多端的傢伙。當宰相呂夷簡告病退休時，他滿以為憑自己的資歷可以接替宰相之職，事實上，仁宗皇帝也是以此為初衷而招他進京的。但在石介、歐陽修等維新派的抨擊下，他非但沒當上宰相，而且連樞密使的官職也丟了，這使他惱羞成怒，懷恨在心，發誓要予以報復。他家有一女奴，較有才華，字寫得漂亮，夏竦就讓她臨摹石介的手跡。女奴日日夜夜苦練，終於寫得與石介之字一模一樣了。於是夏竦偽造一封石介寫給富弼的密信，商議如何廢掉仁宗，讓女奴抄寫，一切就彷彿真的一樣。夏竦造好假信之後，連忙敬獻仁宗，並到處張揚，誣陷改革派結黨謀反，陰謀另立皇帝。同時他們還串通收買宦官，在仁宗面前不斷散布范仲淹等人私樹黨羽的讒言。一時間，朝野上下，流言四起，人心惶惶，反對派乘機大造聲勢，不明真情的官吏也都交頭接耳，議論紛紛。仁宗本來就很昏庸，此時充滿耳際的又都是對改革派的詆毀之言，他也漸漸地對范仲淹等人猜忌起來，對他們也就不那麼信任了。

面對反對派的猛烈攻擊，范仲淹等人並沒有奮勇抗爭，不懈努力，對反對者加以有力回擊。反之，在變法最需要維護、仁宗的變法決心最需要堅定、自身的清白之名與憂國憂民之心最需要辯解的時候，他們卻無力地退卻了。這是范仲淹等人的軟弱，這是慶歷新政的悲哀！

慶歷四年六月，也就是變法的第二年，范仲淹見大勢已去，改革再難推行了，恰在這時，西北又傳來警報，他便申請前往巡視。

起初，仁宗並不同意他於此時離京，但范仲淹出於對流言的恐懼，而且確有西北邊亂，他曾經在陝西用過兵，在那裡威望極高，也是赴邊的合適人選。在范仲淹的一再堅持下，已經對變法失去信心的仁宗皇帝也就不再勉強了。其實，仁宗不願范仲淹西行，並不是還想堅持變法，而是對范仲淹疑心太重，深恐他到了自己的勢力之地，聚眾反叛。但無奈西北邊亂再起，只好派范仲淹前行了。就這樣，范仲淹在一片反變法的叫囂中離開了京都，以陝西、河東宣撫使的名義到西北去了。

范仲淹赴陝途中，路過鄭州。當時已罷相的呂夷簡年事已高，深居於此。范仲淹順路去見呂夷簡。呂夷簡見范仲淹來此，非常驚訝，問道：「先生不在朝廷內實施變法，為何事出京啊？」范仲淹回答說：「現在西北邊亂，我暫時去安撫一下，事成即還。」呂夷簡感慨地說：「先生此行正處於危急時刻，恐怕你再也不能入京了。若想治理西北邊陲，何必親身前往，不如在朝廷指揮更好些。」范仲淹聞聽此言，十分驚訝，他自己在離京之前，確實對形勢估計不足，經呂夷簡一指點，方恍然大悟，也覺得事態的嚴重。呂夷簡為政時，雖屬於守舊官僚之一，但他對仁宗也忠心耿耿，他在仁宗親政、廢章獻太后等事上都表現出對仁宗絕對的忠誠，被仁宗稱為一代忠相。他曾與范仲淹有隙，曾說范仲淹迂闊、務虛名，但他對變法並沒有提出異議，而且他時刻心繫朝廷，關心著國家命運，所以才有上述的一席話。

果然范仲淹一走，仁宗皇帝立刻開始冷遇維新派。二個月後，富弼為河北宣撫使，石介為濮州通判，二人先後離京。次年春，杜衍、韓琦也被罷免。至此，維新派全部敗下陣來，守舊勢力重新掌握了政權，慶歷新政的一切改革措施都被廢除了。堅持了一年四個月的慶歷新政終於以失敗而宣告結束了。

改革失敗後，范仲淹被貶到鄧州，在鄧州的花洲書院，他揮毫潑墨撰寫了著名的〈岳陽樓記〉，激情豪邁地提出「先天下之憂而憂，後天下之樂而樂」的遠大理想，成了千百年來鞭策和鼓舞無數仁人志士的千古絕唱，同時也表達了他那寬闊的胸襟和強烈的責任感。正是在這種憂國憂民的精神鼓舞下，范仲淹才力主改革政治，效忠朝廷，企圖將災難深重的北宋王朝從重重危機中拯救出來，使人民安樂祥和，過上康樂的幸福生活。

范仲淹還是個頗有遠見卓識的政治家。他常說：「國家之憂患，莫過於缺乏人才。學校是培養人才的地方，只有辦好學校，才能使天下大治。」他多次建議朝廷要勸天下之學、育天下之才。范仲淹一生在地方從政達三十年之久，每到一處，他都盡己所能提倡教育事業，興辦學校。他在蘇州故鄉，準備買一塊蓋住宅之地，他請風水先生看看地氣，風水先生看了又看，覺得范仲淹所要買的地是寶地，便賀喜道：「恭喜大人，這是塊貴地，今後您家中一定會有公卿相繼問世。」范仲淹聽了笑道：「既然這是寶地，與其讓我家獨占，倒不如讓出來建立學校，使士人都在此受教育，公卿將相不是更多了嗎？」不久，他果真在這裡建起了郡學，親並自聘請學識淵博的人任教，使學堂越辦越好，果真應了風水先生之言。范仲淹將家資拿出來興辦教育，培養人才，自己卻過著清貧儉樸的生活。范仲淹一生勤儉，即使是後來做了當朝副宰相，掌握國家命脈之時，他也從不奢華。當兒子結婚時，他聽說未過門的兒媳用羅綺縫製帳子，心裡十分不高興，他對妻子說：「做帳子怎麼用這麼貴重的東西呀！我家一向清儉，不能因此而敗壞了我們的家風。她如果敢帶這樣的東西過門，我就把它當眾燒掉！」范仲淹就是這樣，始終保持著樸素的作風，一直到晚年，都沒建造過一所像樣的宅第。他死後入殮時，竟連件新衣服都沒有。也正因如此，在他死後，凡是他從過政的地方，人們都紛紛為他建祠畫像，西北慶州羌民聽到他的死訊，數百人到祠堂內為他痛哭哀悼，齋戒三日才肯離去。

但是，作為一個改革者，他並不是完美的。變法革新，觸犯陳規陋習和守舊勢力的既得利益，遭到反抗是必然的。問題在於，成功的改革家，他們在阻力面前不是退縮不前，而是勇於抗爭，堅持不懈。范仲淹身為諫官時，能做到不畏強權，直言敢諫，但在新法遭受守舊派的猛烈攻擊時，他卻退縮了。特別是當守舊派偽造石介的廢立詔書時，范仲淹和富弼都深怕禍及己身，並一再乞請罷相赴邊。本來仁宗皇帝在最初也並不完全相信守舊派的謠言，如果范仲淹等人能聯合起來，毫不動搖地進行維護變法的鬥爭，充分利用自己的權力極力說服仁宗，在仁宗面前能堅決辯解，或許還能維持仁宗的圖治之志，變法也很有可能堅持下去。但是，十分遺憾的是，范仲淹一再請求出京，對改革大局棄之不顧，這是改革者懦弱的表現，缺乏為事業而獻身的鬥爭精神。旗倒兵散，主帥一走，反對派的氣焰更加囂張，革新派的勢力大受其挫，富弼在反對派的攻擊下，在朝內無法立足，也請求出京。富弼走後，攻擊的人就更多了，韓琦、歐陽修等雖奮起抗爭，但終因沒有主帥，孤軍奮戰，都被反對派一一趕出朝廷。

很顯然，新政的夭折同范仲淹的軟弱直接聯在一起，這是一曲令人深以為憾的悲歌！值得人們深思：凡改革都不可能一帆風順，都會遇到強大的阻力，而在阻力面前，如果失去鬥爭的勇氣和力量，那麼即使空懷壯志未酬的憂慮之心也是無濟於事的。只有那些有膽有識，具有超常鬥爭勇氣和堅忍不拔毅力的人才可能體會成功的喜悅。

不容否認，作為與改革休戚相關的皇帝，他們的立場是決定改革成敗的關鍵。就拿范仲淹改革來說，他的改革思想並非始於慶歷三年，而早在天聖三年（西元一〇二五年），他任大理寺丞時，就曾上疏朝廷，指出恩蔭之弊。兩年後，他又提出了一套富國強兵的改革方案，可是皇帝不予理睬，方案只好束之高閣。慶歷年間，仁宗在危機四伏的情況下，為解燃眉之急，才迫不及待地實行改革，在皇帝的重視下，改革方案才得以推出。但是，由於急於求成，倉促上陣，行之過速，使這場規模巨大、影響深刻的社會變革缺乏充分的準備和周密的安排。還有，當遇到反對派攻擊的時候，皇帝作為改革者的後台，應該對變法志士堅信不疑，使改革者無後顧之憂，勇敢向前。但是仁宗卻沒有做到這一點，他在反對派惡意中傷與挑撥之下，對范仲淹和他的新政產生了懷疑，尤其是當守舊派誣陷改革者要廢掉仁宗時，他更是迷惑、動搖了。雖然歐陽修曾在范、富相繼離京後針鋒相對地揭露了守舊派的陰謀，指出了范、富是被排擠出去的，並請仁宗將他們都召回來，但是仁宗皇帝還是把新政官吏逐一趕出了朝廷，自己也陷入了反對派的包圍之中，最後終於導致仁宗自己導演了變法的推出，又由他自己親手葬送，使慶歷新政這一線希望之光很快便煙消雲散了。

不管怎麼說，慶歷新政在北宋王朝危難深重的歷史關頭，確實為人們點燃了一線希望之光。范仲淹等改革者，他們以整頓吏治入手，不但解決了長期困擾北宋政權的冗官之濫，使死氣沉沉的官僚衙門出現了活力，同時控制了冗官之源，對科舉和恩蔭實行有效的限制，這在改革史上吏治改革方面是比較徹底的一次。同時這次改革涉及的範圍也比較廣泛，對於三冗之一的兵冗也做了限制，使冗兵之患也得到一定程度的解決。改革雖然失敗了，但是，范仲淹的這次新政卻開創了北宋士大夫議政的新風，為北宋後期的王安石變法揭開了序幕。

# 安石拯危

慶歷新政夭折了，北宋王朝這輛千瘡百孔的破車又重新回到了沿襲舊制的古道，在那裡顛簸著、喘息著。一切都依然如舊，社會痼疾依然存在，冗官、冗兵、冗費三冗之弊更加嚴重。慶歷新政失敗後，重新掌握政權的守舊勢力變本加厲，社會矛盾更加激化，北宋王朝已大廈將傾、搖搖欲墜了。

宋仁宗取消一切變法措施之後，就再沒有絲毫進取之心了。他置朝事於不顧，每天沉溺於深宮，抱殘守缺，苟且因循又過了十七八年，於嘉祐八年（西元一〇六三年）三月病死。他留給兒子英宗趙曙的是一個破爛不堪、岌岌可危的殘邦斷國。北宋王朝已經到了生死存亡的最後關頭。英宗皇帝即位後，曾經決心改弦更張，有所作為，並展開架式，將富弼、韓琦等新政重臣又都召回京來，與他們共同探討積弊之源以及裁救之策。英宗雖然勵精圖治，志在有為，但是他只成了歷史舞台上的一個匆匆過客，在位僅四年，還沒來得及施展他的抱負就因病棄世而去了。北宋王朝更加破敗不堪。

就在這樣的歷史環境下，年僅二十歲，朝氣蓬勃的神宗趙頊即位了。宋神宗面對著百年之積的衰敗局面，立下宏圖大志，誓欲披荊斬棘，有所作為。

神宗自幼便痛心於仁宗皇祖屈服於遼、西夏的國恥，不滿於朝廷上下萎靡不振、百無聊賴的精神面貌。他勤奮好學，立志要強國雪恥。在他身居東宮的歲月裡，常常廢寢忘食，為此內侍時常加以催促。當內侍告訴他應該吃飯了時，他便回答說：「我興致正濃，不感到飢餓。」直到英宗皇帝再派內侍傳令休讀才作罷。

神宗登基後，志向遠大，富於朝氣，他急於物色理國之英才。正是在皇帝求治之心的感召下，曾一度沉寂的宋廷又被要求改革的強烈呼聲打破了。天空又出現了一道霞光，將慶歷新政後籠罩在人們心頭的陰霾漸漸驅散，無數改革志士又重新登上了歷史的舞台，王安石便是這一時代契機之下湧現出的卓越人物。

熙寧元年四月的一天，王安石宅第門外熱鬧非凡，原來是皇帝派人傳旨宣王安石立即進宮議事。王安石領旨謝恩之後，兩行熱淚順頰而下。是啊，王安石經歷了多少年的期待，為了實現自己的報國之志，他曾怎樣的焦慮、痛苦、失望啊！

王安石，字介甫，號半山，於北宋真宗天禧五年（西元一〇二一年）出生在撫州臨川的一個官員家庭。王氏一門，從叔祖王貫之登進士開始起家，父親二十二歲中進士，王安石也是在這一年齡時中了進士。他之所以能學有所成，是因為他自幼就立下了鴻鵠之志。早在十七歲那年，王安石跟隨父親到了南方大城市金陵，在那裡他的思想開始成熟，有了重大的飛躍。在〈憶昨詩示諸外弟〉一詩中，記載了他的這一變化：

端居感慨忽自寤，青天閃爍無停暉。
男兒少壯不樹立，挾此窮老將安歸？
吟哦圖書謝慶吊，坐家寥寞生伊威。
材疏命賤不自揣，欲與稷契遐相晞。

這首詩是在敘述他自己正襟危坐，思索人生的情景。時光流逝，男兒當立志，謝絕婚喪慶吊之應酬，潛心攻讀，最後要學到經緯之才，行稷、契故事，學伊尹輔君。在王安石年僅十七歲的心靈上，就希慕著遠古先祖契和后稷，立下了學以致用、經世治國的遠大志向，由此也奠定了他日後在荊棘叢生的道路上奮戰一生的思想基礎。

慶歷七年（西元一〇四七年），王安石被派往鄞縣（今浙江寧波市一帶）當了知縣。在那裡，他興修水利，興辦學校，為人民做了許多好事，致使鄞縣人民永遠懷念著他。

在王安石三十八歲的那年，也就是仁宗嘉祐三年（西元一〇五八年），因為他在地方政績卓著，被朝廷任命為中央三司度支判官，以總理全國朝政。當時正值仁宗末年，自慶歷新政失敗後，朝野上下一片沉寂。然而已在地方供職十六七年的王安石，憑著對社會弊病的體察、對民間疾苦的感受，以及他那顆報國的熾熱之心，決心在新的崗位上有所作為，試圖使仁宗皇帝能重新覺醒，能再一次掀起改革浪潮。於是，他到任不久，便把多年思考的治國之策，整理成一封洋洋萬言的〈上仁宗皇帝言事書〉進獻給仁宗皇帝。

萬言書首先指出國家所面臨的內憂外患的嚴重局面，對外懼怕「夷狄」，對內財力困窮，風俗日衰。而問題的關鍵在於現行法度陳舊，必須予以變革，才能合乎先王之政。改革的關鍵是培養一批優秀的人才隊伍，等等。王安石同時也提出了人才的培養要做到「教之、養之、取之、任之」四個環節。所謂養才，即提高官俸，高薪養廉；取才是通過考察實際才能決定是否選拔；任才就是以德任之，而不是憑資歷年限。王安石的這一變法理論與范仲淹吏治改革有相同之處，它可以說是慶歷新政的延續。同時，他所提出的救治社會弊病方案也成了日後王安石變法的重要理論基礎。

萬言書呈給仁宗皇帝後，根本就沒被當一回事。仁宗本來就懦弱平庸，胸無大志，也無治國之才，晚年更是沉溺深宮，幾乎不問政事。王安石未遇明主，萬言書如一根鴻毛，扔在一潭死水之上，沒有濺起任何漣漪。為此王安石曾十分苦惱，他眼看北宋政權已病入膏肓，卻拒絕用藥醫治，有什麼辦法呢？皇帝沒有變法圖治之心，身為人臣，也無能為力。王安石只能盡心思慮，勤於職守，將本職工作做好。

正因為他的勤勤懇懇，兩年之後，嘉祐六年（西元一〇六一年）王安石被調任知制誥，擔任起草皇帝命令等機密文書工作，成了親近皇帝的侍從官，地位也隨之提高了。王安石充分利用了與皇帝接近的機會，時刻宣傳自己的救國救民主張，雖然屢次遭到仁宗的拒絕，但他總是鍥而不捨。萬言書石沉大海，他又上了一折〈上時政疏〉，重申了培養人才、改革法度為當務之急的主張，並且列舉了後梁、後唐、後晉帝王不用賢才、不修法度以致亡國的先例，直言相勸仁宗皇帝以此為戒。仁宗皇帝疾病纏身，已無力也無心去整理國事，更不會接受王安石的建議去勵精圖治、變法圖強了。王安石在仁宗一朝，雖位居顯赫，但終因抱負難施，而鬱鬱寡歡。他寄希望於未來，相信自己不會終生不得志。值得慶幸的是，這樣的機會終於來到了。神宗年輕有為，剛毅果敢，富於朝氣，他早知王安石之賢，即位後便決定起用此人。

早在神宗為皇子時，就已對王安石之名有所耳聞。當時王安石的朋友韓維任潁王府記室參軍，經常給皇子趙頊講經論義，得到了趙頊的高度讚賞。而每次韓維都說：「這是朋友王安石的學說。」神宗由此對王安石產生了極好印象。更重要的是他的變法精神與神宗所追求的富國強兵思想不謀而合，神宗銳意進取，便十分器重王安石。

神宗初繼，他的進取之心，使許多迷茫中的仁人志士看到了希望，他們又都紛紛行動起來，力主變法事宜，司馬光也是其中之一。早在仁宗時期，司馬光就曾經說過，因為時勢變遷，對舊的統治方法不能一味地因循，應有所釐革，革除弊政。他曾向仁宗進言，朝廷要斟酌時宜，損益變通，並針對冗官、冗費問題，提出具體的改革措施，建議隨材用人，破格提拔，改變只按出身資歷的選官制度。對冗兵問題，他提出務精不務多的選兵原則。神宗即位，他上疏指出：國家財政困難的根源是用度太奢、賞賜不節、宗室繁多、官職冗濫、軍旅不精五個方面，必須深思其患，力救其弊，裁減國家用度，他的根本主張就是節制國家所用，即節流。與司馬光不同的是，王安石則以開源為原則，他的宗旨就是因天下之力以生天下之財，即以開發財源的理財之道來解決國貧民窮的困窘局面。這樣在如何變革，改些什麼問題上，兩位天下大賢發生了嚴重的分歧，而且這種分歧隨著王安石變法的深入，竟達到水火不容、完全對立的程度，這是中國改革史中少有的現象。

神宗皇帝更看重王安石的開源理財之道，便特召王安石入殿，商討國家大事。這才有了皇帝派人到王府受官宣召之事。

王安石終於得到了神宗的重用，此時，他已年近半百，然而他那顆憂國憂民之心還依然年輕，即將覲見明君神宗，他感到自己苦苦等待幾十年施展抱負的時機終於來臨了，激動的心情無以言表。

王安石驅車快馬加鞭來到皇宮之外，早有侍衛稟報神宗，神宗連忙宣召，君臣二人一個是求賢若渴，一個是久期明君，他們如久別知己，終於相見。神宗見王安石布滿歲月滄桑的臉上滿載了睿智，不知不覺對王安石肅然起敬。於是一場決定王安石命運的談話開始了。

神宗首先說道：「朕久知愛卿之名，今想請教愛卿一事，不知當今治國應從何處入手？」王安石回答：「臣啟陛下，當今治國，應以擇術為先。」神宗對此很感興趣，繼續問道：「那麼選擇何術方能治國呢？」王安石回答說：「自北宋建立百年來，由於理財無術，致使民不富、國不強。現在當務之急就是要從理財入手。」王安石的這一治國理論大合神宗心意。他又進一步問王安石：「唐太宗此人如何？」言外之意，自己是否能建立唐太宗之功勳。王安石笑了笑說道：「陛下豈能以做唐太宗就滿足了呢！應以堯、舜為榜樣，享有唐堯虞舜之聖名。」

王安石仍戀戀不忘他自幼立下的要為稷、契，追隨明主，輔佐聖君的壯志，他認為神宗就是他所追尋的聖主明君唐堯虞舜。他將其平生所學傾囊相送，恨不得朝夕瞬間便實現他的夢想。神宗對王安石高遠的志向也十分欣賞，他高興地說：「非卿不能為朕推行新法，朕當以政事任卿。」君臣相知，一見如故。事後王安石又遵神宗之命，寫了〈本朝百年無事札子〉，指出北宋政府十七條不盡如人意之處，最後大聲呼籲：大有為勵精圖治，正在今日！神宗對此十分滿意，他曾毫不隱諱地對王安石說：「自古以來，君臣之間像朕與卿這樣如此相知的，極為罕見。」

宋神宗要重用王安石實行變法的消息很快傳遍了京城。朝中那些安於陳規舊俗的元老重臣，聽說王安石要變革天下弊政，便驚恐萬分，參知政事唐介毫不掩飾地對神宗說：「王安石不可以授大任，如果讓他當宰相，恐怕將來會變更成法。」說的多麼直接明確，祖宗之法不可變，無論誰為相，只要變更法度，我就反對你，這就是守舊大臣的心聲。

當年慶歷新政時的改革鬥士，這時也都心灰意冷，銳氣消磨了，他們或者是根本就不願意變法，或者是與王安石的變法主張不同，總之是對王安石入相持堅決的反對意見。富弼是慶歷新政的主要人物，這時看神宗果真要有所作為，竟對神宗說：「陛下臨朝未久，應該首先布德施恩，願二十年不談兵事。」神宗一聽，跟自己的富國強兵之治根本不相符合，便默不作聲。富弼也知道自己在神宗一朝不會得志，便再三請求罷相。神宗於是問他：「卿即去，誰可代卿呢？」富弼馬上推薦文彥博，神宗沒有說話，沉默了許久，又問：「王安石怎樣？」富弼這回也以沉默不語表示異議。神宗即位，韓琦也繼富弼之後罷相，神宗挽留不住，便問他：「卿去，誰可屬國，王安石如何？」韓琦說：「王安石做翰林學士綽綽有餘，而輔佐陛下從政則絕對不可。」神宗見欲起用王安石卻找不到支持自己的人，他便問有變法之志的司馬光，請他說一說王安石這人如何。司馬光與王安石早有爭議，他不贊同王安石的理財主張，就對神宗說：「有人說王安石奸邪，這種毀謗是有些太過分了，但如果說他不懂事理，人又執拗，這卻是事實。」神宗一聽，此言與反對王安石入相無二意，他在朝廷元老重臣中幾乎找不到王安石的支持者。神宗深深地感覺到，欲實行變法，將會舉步維艱。

值得慶幸的是，神宗皇帝意志堅決，行事果敢，他沒有受輿論的干擾，更沒有被反對勢力所左右，還出面為王安石辯解，說王安石不好官職，不求享樂，算得上賢者。並對王安石堅定地表示：「人們對你都不很瞭解，以為你只知經術，而不曉世務。但我瞭解你，並真正地需要你，正如唐太宗必得魏徵、劉備必得諸葛亮。」王安石滿懷信心地說：「唐太宗、劉備何足道，陛下要為堯、舜，臣願全力相助。」君臣二人都沒有被困難和阻撓所懾，他們齊心協力，對前途充滿信心。宋神宗終於力排群議，於熙寧二年（西元一〇六九年）的二月，任命王安石為參知政事，實行變法。

王安石對神宗知遇之恩十分感激，他決心不負所望，鞠躬盡瘁報答宏恩，並實現自己的畢生夙願。就這樣，歷史上聞名中外的王安石變法揭開了序幕。

神宗問王安石，變法以何為先，王安石說：「變風俗、立法度，是當今之所急。」於是在神宗的大力支持下，設立了制置三司條例司為變法的總指揮部，開始制定各種法度。

就在這一年的七月，在淮、浙、江、湖等六路實行均輸法。之所以實行均輸法，王安石是這樣說的：「各路向朝廷所上貢品，每年都有固定數目，以至於豐年時不能多獻，等到歉收之年，獻貢十分困難，卻不敢不如數敬獻。此外在遠方花成倍的價錢買來，到中都恐怕不得以降半價出售，這樣使富商大賈乘機牟取暴利。而今命江、浙、荊、淮發運使總管各路賦稅收入，他們掌管錢物，凡是上貢的物品，都要以徙貴就賤、因近易遠的原則實行統購。並且要預知京都倉庫所存，在貨物便宜時多買入，控制貨存的有無。過不了多久，就會使國用充足，而民財又不匱乏。」簡言之，王安石實行的均輸法就是要打破年貢常制，改為豐年多致、荒年少致的原則。以市場供求為準繩，發運使發揮權衡商業的中心作用，限制富商的囤積居奇、哄抬物價的投機行為。更重要的還是要充分發揮均輸為國家求富斂財的作用，從買賤賣貴的商品流通中牟取利益，從而將原來的商人所贏之利轉到國家手中，以此達到富國之目的。

這一變法方案剛剛推出，立刻引起了許多人的激烈反對。本來王安石入相，即為元老重臣所強烈抗議，變法更是在艱難中起步。

王安石執政剛剛四個月，守舊派御史中丞呂誨就以十大罪狀彈劾王安石，這事讓司馬光都感到驚訝。一次早朝之前，呂誨路遇司馬光，司馬光小聲問他：「今日覲見皇帝，將有何事上奏？」呂誨神祕地一指袖子說道：「袖中所藏彈劾奏文，是對新任參知政事的。」司馬光一時愕然，說道：「大家正高興喜得新官，你為何要彈劾他呢？」呂誨說：「先生竟也說這樣的話，王安石雖然有名氣，但固執偏見，唯務改作，天下必受其禍。況且皇上新即位，如果有所圖治的話，也只是變更二三個政策而已。如果此人當政，必敗壞國事。此乃心頭之患，豈容片刻延緩！」說罷，徑直上殿，上疏神宗皇帝。他說：「大奸似忠，大詐似信。王安石表面樸素隨和，實際內心巧詐。臣誠恐陛下只看中他的才辯，久而久之，大奸得道，則賢者盡去，混亂由此而生。臣考察了王安石政績，此人本無遠略，只是務於改作，標新立異，美言飾非，罔上欺下。臣深為此憂慮，誤天下蒼生，必是此人啊。」神宗聽了呂誨如此惡毒的攻擊，知道他對改革執反對意見。王安石對此不屑一顧，他對神宗毅然表示：「臣以身許國，只要陛下處分的理直義正，臣絕不會因怕人譭謗而束縛自己的行動。」神宗見王安石有著大無畏的精神，十分感動，當即罷去了呂誨的御史中丞職務。

此事過後，反對派的攻勢並沒有結束，均輸法推出之後，反對的浪潮又接踵而來。為實施均輸法，朝廷任命薛向為發運使，並拿出內府藏錢五百萬緡、供米三百萬石作為均輸之用。薛向又請求朝廷設置官屬，協助辦理均輸事務。這一政令，又使上至朝廷重臣，下至地方小吏，群起而攻之。

御史劉琦、錢顗等上疏攻擊薛向，他們說：「薛向小人，藉口貸錢之便，隨意變更法度，即使有所收益，也是侵奪商賈之利。」還說王安石是「奸詐專權之人，豈能任其混亂國紀，願早罷逐，以告慰天下元元之心。」蘇轍對均輸法也堅決反對，他說：「如今實行均輸，首先就設官置吏，所用經費已經很多，再加上官吏接受賄賂，官府收購物資，一定比民間的還要貴，到出售時，所表現出的弊端與以前定會沒有兩樣。臣恐怕此錢一出，再難收回。即使稍獲小利，也遠不如從富商那裡徵收稅額之多。」

蘇轍的這一憂慮是基於對朝廷命運的考慮，並不是對改革派的惡毒攻擊，這在新法剛剛實行，還未見其收效的時候，他以國家利益為重，有此疑慮，是可以理解的。神宗不納其言，也沒有對他實行什麼制裁。而知諫院范純仁卻不同了，范純仁並不是憂國憂民，提出合理建議，他是態度明確地反對變法。他對神宗說：「現在效法桑弘羊行均輸之法，聚斂百姓財富，使民怨沸騰。王安石以富國強兵之術蠱惑陛下之心，實在是急功近利，欲速不達。路途遙遠理當驅馴馬而至，辦大事不可速成，人才不可急求，積弊不可頓改，否則必為奸佞之人乘虛而入。請陛下速罷免王安石，此乃眾望所歸。」此番言論，神宗已聽得夠多的了，他為了掃清變法道路上的障礙，將這些反對變法的人都一一罷黜，范純仁也不能倖免，被貶和州。即便如此，反對勢力仍屢罷不絕。刑部劉述也上奏神宗，詆毀王安石，他說：「王安石行事偏頗而立新議，陛下不察實情而盲目聽其之言，使天下為害。先朝所立制度，自應世世代代固守勿失，而今卻事事更張，廢而不用。如此奸詐專權之人，豈能任之處於朝堂而亂國紀，願早日罷免王安石以慰天下之人。」面對劉述等人的叫囂，神宗皇帝給予王安石以有力的支持，最後將劉述及其同黨丁諷、王師元等六人免職。

變法如此艱難，僅一個均輸法就使這麼多人站出來並不畏神宗的強權制裁而公然反對。王安石對所有的造謠、誣衊、誹謗都坦然處之，他堅信自己所從事的事業是正確的，把「人言固有不足恤」作為他的格言，並義無反顧地繼續實行變法。

在實行均輸法後兩個月，王安石又推出了青苗法。青苗法是指在青苗不接的時候，由政府主動向農民發放貸款救急，一年按季節發放兩次，夏料在正月三十日以前，秋料在五月三十日以前發放完畢，隨夏秋兩稅償還，收取二分利息，如超過規定數額收三分利息。這樣做的目的是抑制高利貸者在青黃不接之際強取豪奪，保證農民赴時趨勢，不誤農時，同時也增加了國家財政收入。

王安石實行青苗法可以說是以農民利益為重，同時也是富國之舉，可謂利國利民。王安石在鄞縣當地方官時就曾經在一縣之內實行過青苗法，並取得很好的效果。另外，陝西轉運使李參也曾做過類似試驗，數年之後，官府由糧儲不足而轉為廩有餘糧。實踐和理論都表明，青苗法會有利於限制大地主、大商人的盤剝，減輕農民一些負擔，並能增加國用。按理說，此法是應該得到大臣們支持的，但事實卻恰恰相反，青苗法所引起的爭議和反對比均輸法還要激烈。

制定青苗法時，在條例司內部就遭到了蘇轍的反對。蘇轍本是支持王安石變法的中堅力量，被任命為制置三司條例司檢詳文字官，與呂惠卿一同共事。但在均輸法實施之後，他就表現了自己的憂慮之情。制定青苗法時，他又提出不同意見，他說：「把錢貸給百姓，並收二分利，本意是救民，實際並非如此。放貸款之時，官吏貪汙受賄，雖有法不能禁。錢到百姓手裡，雖良民也不免妄用，等到收納本息時，雖富民不免逾期不還。到最後，則定要用刑懲處，州縣定會生亂，社會將不太平了。」蘇轍的見解也並不是絲毫沒有道理，官吏確實有貪汙受賄之嫌，百姓也有貸款容易回收難的可能。但是他的調子過於悲觀，與王安石銳意改革的朝氣格格不入，一怒之下，王安石免去了他的檢詳文字官職務，出為河南府推官。

但是，除蘇轍之外，還有更多的人對此提出異議。富弼在出判到亳州之後，他在那裡拒不推行青苗法。外任青州太守的歐陽修強烈要求朝廷停止散發青苗錢。翰林學士范鎮也認為青苗法行於唐之衰世，不足以效法。其中蘇軾和司馬光不僅僅對青苗法有異議，而且對整個變法都提出了質疑。

蘇軾為開封府推官，他向宋神宗上〈萬言書〉，提出自己對變法的看法。他認為新設立的條例司，使本來就臃腫的官僚機構更加龐大；青苗法推行，將來必有暴官汙吏以抑配法強迫百姓借錢出息，使孤貧不濟之人鋌而走險，成為社會的動盪因素。他對均輸法也提出不同意見，他認為均輸法在漢武帝時就實行過，結果是嚴重破壞了商業的正常秩序，盜賊日盛，幾乎造成社會動亂。簡言之，均輸、青苗法在蘇軾看來是虧官害民，得不償失。

對新法反對最為激烈的當首推司馬光。司馬光與王安石政見的分歧自神宗起用王安石變法的那一天起就開始了。他們本來是一對好朋友，但是在如何變法、都變些什麼問題上發生了矛盾衝突。司馬光認為，國家的財政困難在於冗費過多，應針對冗費實行改革。他認為王安石所主張的理財之道是盤剝人民，所謂「民不加賦而國用足」是桑弘羊欺騙漢武帝之言。他以節流理論為基礎，對王安石實行了全面的否定。首先他建議撤銷制置三司條例司，他說，國家要解決財力不足，應依靠原來的轉運使、知州、知縣等機構恭儉節用，如今卻又增設新機構，以冗增冗，定會使國家更加危機，百姓騷動。其次散發青苗錢，不僅會使官吏倚仗權勢，貪贓枉法，騷擾百姓，而且還會使常平使為了多散立功，不問貧富，按戶強行抑配。貧者得錢後轉眼就用完了，到時無錢償還，為了躲避官府催逼，必四處逃匿。僅剩下的富戶要償還幾家應交之錢，這樣勢必使貧者都逃了，富者也變貧困了。朝廷散發的數千萬緡青苗錢，本來就是人民的血汗錢，而十年之後，富人家都變貧窮了，青苗法也被破壞了，國庫也變空虛了，到時再遇上天災人禍，勢必造成老弱者轉死溝壑、青壯年聚為盜賊。他建議朝廷趁著事態還沒有惡劣，盡快撤銷制置三司條例司，追還諸路常平使。他懇請皇上趕快下令追還青苗錢，對已散發之地，待豐收時催還本錢，也不要利息了，沒發散的盡快停止，以免造成嚴重惡果。

司馬光真情切切，衷心可表，神宗皇帝也不免為之感動。不過司馬光也確實過於危言聳聽，青苗法在執行過程中確實出現一些官吏不法之事，但此法是經過王安石等人仔細論證過的，而且局部試點已證明了它的成效，說明青苗法是可行的。事實也確實如此，有一次，秀州（浙江嘉興）判官李定，從家鄉到京師，他先拜訪了諫官李常。李常問他：「你從南方來，老百姓對青苗法都怎麼議論啊？」李定回答說：「老百姓都說好啊，沒有不高興的。」李常立即封住他的嘴說：「當今朝廷正為青苗法爭辯不休呢，請你千萬不要講這樣的話。」

神宗召見李定，李定據實上報了，這使神宗堅定了推行青苗法的決心，對司馬光的警告也就不予理睬了。可是，司馬光還是覺得王安石的變法主張與自己以節約開支為宗旨的理財理論相矛盾，並一直堅持著這一認知。所以他不但在神宗面前據理力爭，而且還一連給王安石寫了三封信，表明自己的態度，對新法提出嚴厲批評。

面對如此激烈的政見分歧，王安石並沒有沉默不言，他堅定自己的變法立場，給反對派以有力的駁斥。針對司馬光的觀點，他寫了一封簡明的覆信，這就是有名的〈答司馬諫議書〉，他說：「今君實所說的，無非是我侵官、生事、征利、拒諫，而導致天下怨謗。而我認為從皇帝那裡接受命令，議訂法令制度，經過朝廷討論修正，再交給負責的官員去執行，這不算侵官；替國家理財，增加收入，不算征利；駁斥錯誤的言論，揭露巧言善辯的壞人，不算拒諫。而至於怨誹之多，早就在我的意料之中。人們苟且偷生不是一天了，士大夫多半不顧念國事，以附和世俗，討好眾人為善。當今皇帝要除此弊端，我就不再考慮反對者多少了，要出力幫助皇帝來抵抗，世俗之眾哪能不氣勢洶洶地誹謗呢？」

王安石與反對勢力的抗爭，得到了神宗皇帝的大力支持，神宗以行政手段將反對變法的人一個一個逐出朝廷。那個曾阻止李定說青苗法大快人心的諫官李常，看一計沒成，又生一計，竟以莫須有罪名上告青苗法的危害，他說：「有州縣官名義上散發青苗錢，實際一個銅錢也沒發到百姓手裡，卻勒令老百姓歸還利息，致使百姓怨聲載道。」神宗一聽，很生氣，便責問王安石是怎麼回事，王安石追問李常，要他說明此事發生在何州何縣，由何官將此事上報。李常一聽，不覺瞠目結舌，因為根本就沒此事，都是他捕風捉影胡亂編造的謠言。神宗明白了事情真相，當即將李常罷官。就這樣，因誣陷、誹謗、攻擊、疑慮新法而被免官的反對派不計其數。司馬光也感到難以在朝廷安身，便也請求外任，神宗准他以端明殿學士知永興軍。

司馬光離開後，朝廷內幾乎是變法派的天下了。王安石看到經過自己與神宗的共同努力，變法終於取得了初步的勝利，他感到十分的欣喜。幾十年的心血沒有白流，自己的畢生夙願終於得以實現，這是在怎樣艱難的條件下實現的呀！還曾記得，未遇明主時苦苦的等待，年富力強時壯志未酬的苦悶。還算是蒼天有靈，在自己已即知天命之年，明君出現了，這曾使半百的老人怎樣的興奮，自己算是不枉此生，終於可以實現自己的抱負了。然而變法之初，人們是那樣的不理解，甚至譭謗、排斥，以無中生有的事實進行惡毒的攻擊，即使是自己的故朋好友！這就是變法之難啊！如今雖取得了初步的勝利，但是，王安石也清楚地認識到，以後的路同樣充滿荊棘。

熙寧三年（西元一〇七〇年），神宗擢升王安石為中書門下平章事，王安石大權在握了。皇帝對他十分信任，王安石自可以坐享功名和利祿，等待著青苗和均輸之利，也可以減緩與反對者的衝突。但是，王安石沒有這樣做，他同所有銳意改革的志士一樣，困境中勇於進取，成功時不驕不躁。他獨掌重權之後，以大無畏的氣概，將變法有力地推向前進。自西元一〇七〇年至一〇七四年，一項項新法又相繼頒行了。

北宋政權是在五代徵亂基礎上建立的，長期紛爭割據，軍閥混戰，社會生產力已破壞嚴重。而北宋建國近百年的時間裡，統治者一味加強中央集權，農民根本沒有得到休養生息，農田水利破壞嚴重。再加上兼併橫行，農民破產，耕地荒蕪，社會動盪不安，這也是自仁宗時期改革呼聲持續不斷的重要原因。慶歷新政，范仲淹還沒來得及整頓農業，就在保守勢力的一片聲討聲中敗下陣來。王安石卻不同，他以堅忍不拔的毅力，頂住了反對勢力的強大壓力，站住了腳跟，從而才使這一關係國計民生的大問題有了得以解決的可能。

變法之初，王安石就深知農田水利是民生、政務、理財的關鍵所在，所以在成立三司條例司之後就立即派人到各地考察農田、水利、賦役狀況，並於變法當年即熙寧二年（西元一〇六九年）的十一月，頒布了農田水利法。招募流民墾荒，五年之內不入版籍。興修水利，開挖溝渠，疏濬河道，所需費用，由當地住戶依照戶等高下出資出料，工程浩大的，政府出錢貸款。北宋政府曾拿出近十六萬貫錢支付水利工程。

農田水利法的收效十分明顯，幾年間，政府新開荒田廢地達一萬多處，共計三千六百多萬畝。同時，治理了漳河、汴河、蔡河、滹沱河等河流。在治理黃河時，先後採用鐵龍爪、浚川耙等扒疏工具，將河床淤泥扒起，使其順著急流入海，或被沖上兩岸，既達到了治河目的，又造出良田。除此之外，還從石門到三限口開渠灌田達三百萬餘畝。這些基本建設的實施不但在當時對發展生產具有積極的意義，而且造福了子孫後代。農田水利法是利國利民的一項重要改革。

王安石所推行的一系列新法，其中核心環節就是要通過發展農業生產以達到富國的目的。為此，他還制定了免役法、方田均稅法、市易法等一系列配套的改革措施。

北宋開國以來，政府採取不抑制兼併的土地政策，致使兼併日甚，田籍不清，豪族地主侵奪土地，農民失去土地卻不能免去賦稅，被迫逃亡各地，不但嚴重影響國家收入，而且激化社會矛盾。王安石為解決這一社會問題，制定了方田均稅法，也就是重新丈量土地，根據擁有土地的多少、土地質量的高低而徵收土地稅。這一法令的實質是增加國家稅收，使賦稅負擔與土地占有的實況相符合，也在一定程度上緩和了階級矛盾。但是它觸動的是官戶、富豪之家的利益，實施起來相當困難，成效並不顯著，元豐八年（西元一〇八五年）廢除。

市易法與均輸法限制大商人壟斷市場，與增加政府財政收入有異曲同工之效。即由國家出資，收買市場上因富商大賈操縱物價而滯銷的貨物，等到市場需要時，再以加年息一分或二分的利賒給普通商販，限於半年或一年之後償還。市易法的推行，在很大的程度上使豪商大賈們壟斷市場的權利受到限制，增加了政府收入，小商販也不至於遭受大商人的欺壓，市場價格也能相對保持平衡，這對於當時商品經濟的正常發展是大有好處的。

免役法是王安石著力最多的一項改革措施，因為它所觸及的是非等閒之輩的利益。也正因為此，反對變法的浪潮又如潮汐般湧來。

北宋政府的服役制度是承襲前代，實行差役，也就是依照戶等輪流在州、縣政府內職役。差役制實質上仍屬於力役制，是在兩稅之外，為解決地方官府的勞役需求而額外的加征，給人民造成沉重負擔，影響人民的生產生活。朝廷只知役使，無相應的俸餉月銀，許多服役之人趁維持地方治安之機謀取外快。針對差役制的弊病，王安石經過兩年時間的醞釀和試點，終於推出了免役法，也叫募役法。即將百姓輪流服役改為由州、縣政府出錢募人應役，此錢由管內住戶按戶等高下分攤。服役的人家交免役錢，就可以不再服役。而原來享有免役特權的戶，如官戶、未成丁戶、單丁戶、女戶、寺觀戶等，都按等級減半出錢，叫助役錢。此外，在僱役徵用的正額之外，還加收百分之二十，稱為免役寬剩錢，以備災年之用。募役法改差役為僱役，這在役制史上是一件重大改革。它使農民從役制的束縛下解放出來，有較充足的時間從事生產或經商，促進了農業和商業的發展，這是歷史的一個進步。但是，免役法觸犯了特權者的利益，勢必引起強烈的反對。

豪門貴族享受慣了世世代代的免役特權，如今硬讓他們拿錢來僱人服役，使他們覺得很不舒服，雖然他們只需交原來應服役人所交的一半，對於他們來說，也算不上什麼太大的經濟負擔，但在他們的腦海裡已根深蒂固形成了一種成見，那就是平民百姓理應去服役。司馬光作為他們的代表又出面了，他說：「原來役戶輪流更換，還有休息時期，如今出錢免役，服役的人也就再無休息之期了。此外單戶、女戶等以前從來不服役，而且他們也沒有餘錢，而今卻硬讓他們拿錢，即使是鰥寡孤獨之人也不能倖免。本來力氣是人們生而有之，穀帛為人們耕桑而得，至於說錢，為官府所鑄，非民眾所私有。而現在制定免役法，就只是惟錢是求，惟錢是用了。豐年時百姓賣糧得錢可以交納了，然而如遇災年呢，就得被迫伐樹、殺牛、賣田才能交得起免役之錢，如此，人們何以為生！這是對貧苦人民怎樣的盤剝呀！」

司馬光的論斷從表面上看，似乎還有些道理，他認為人的力氣是與生俱來的，最為廉價的，而糧帛金錢則是辛辛苦苦用勞力換來的，似乎是勞動所得要比自身氣力昂貴得多。但關鍵的一點卻被司馬光忽略了，那就是勞動者本身是生產力的第一大要素，只有人才是社會財富的創造者！司馬光也堪稱社會一大賢達，但是，他卻沒有意識到這一關鍵問題。凡夫俗子、烏合之眾隨之叫囂，一時間，以反對免役法為龍頭的反變法浪潮又甚囂塵上。

新法在實施過程中，確實出現過某種擾民弊病，反對派借此機會大肆渲染。青苗法頒布不久，又設置了諸路提舉官。由於官吏素質參差不齊，確實出現了一些人們憂慮的現象。有些人往往為迎合王安石心意，盡力去多散青苗錢，以此求功。根據戶等的高下不同強制抑配，最後竟造成富民不願貸或者不願多貸，而窮困之戶想貸卻貸不到，百姓對此十分不滿。河北安撫使韓琦上疏說道：「臣依據青苗法的詔書得知：此法力在施恩於民，以防富商大賈趁青黃不接之際高息放貸，高利盤剝。如今執行起來，卻按戶等制定借款數額，而且三等以上戶還可以多借。孰不知，上等戶歷來都是兼併之家，官府以三分利借錢給他們，實際上是放錢取息，與變法初衷相違背。此外，貧民貸款容易還款難，會出現許多連鎖問題。陛下如果能躬行節儉以化天下，自然會國用有餘，又何必派使臣紛紛四出，豈不令人費解。臣乞求罷免諸路提舉官，一切依舊法行事。」

皇帝看過韓琦的上疏，有些吃驚，不禁皺緊了眉頭，他把疏放在一旁，自言自語地說道：「韓琦還真是個忠臣，雖身在朝外，卻不忘國事。朕開始以為青苗法可以利民，沒想到竟害民如此。提舉官怎麼能硬行攤派呢？」王安石一聽皇帝之言，不覺對韓琦怒火中燒，他深怕神宗動搖變法意志，影響變法的整個進程，於是針對韓琦所奏說道：「如果說桑弘羊壟斷天下財貨，以供皇上私用，可以稱他為興利之臣。而如今陛下行青苗法是為了資助百姓，至於說適當地收取利息，這也是周公當時所制定的法令，其目的在抑制兼併，賑濟貧弱，而並不是為了滿足私慾，怎能說臣是興利之臣呢？」王安石說完，用眼睛的餘光偷偷地看著神宗皇帝。只見神宗面無表情，這與往常王安石奏事之後皇帝都面呈喜色形成鮮明對比。王安石不免一驚，怎麼，今日自己說的不對嗎？莫非皇上對自己不滿了嗎？事實確實如此。神宗皇帝看了韓琦的上疏之後，心裡總覺得不是滋味，青苗法竟出現擾民現象，與自己的初衷相違，這使神宗悶悶不樂，對王安石的辯解也是充耳不聞了。這一次是皇上對王安石的首次不信任，也是王安石變法面臨著更大阻力的開始。

面對反對勢力的強大壓力，若得不到皇帝的支持，就會失去堅強的後盾。於是王安石採取了以退為進的戰術，稱病不出了。

王安石不上朝了，神宗便想起了司馬光，準備任命他為樞密副使，主持變法。司馬光接到神宗詔書之後說：「陛下之所以用臣，是因為臣直言進諫，一心為國吧。然而只是給予臣高官厚祿，卻不聽臣之言，則是朝廷用錯了人。如果臣只是以祿位自榮，卻不能救民於水火，那臣與盜賊無異。陛下如果能取消制置條例司，追回提舉官，不行青苗、免役法，那麼即使是不用臣，也是對臣的恩賜呀！」神宗一聽這話，立刻明白司馬光已經和王安石格格不入了。雖然他也曾在英宗朝提出過以募人之法代替差役，其實質與募役法宗旨完全相同，但現在卻不一樣了，他已由最初的與王安石政見不同轉變為全盤否定變法，這對於還企圖以改革達到富國強兵目的的宋神宗來說是不能接受的。相比之下，還是王安石變法合乎自己的心意。

韓絳等人早已看出帝意，便勸說皇帝挽留王安石。王安石本來也並非真想辭官歸田，君臣二人又一拍即合。王安石上殿謝恩，君臣相見，互相對視了良久，最後同時一笑。就這樣，多少不快、隔閡以及委屈都在這相視一笑中化解、消融了。王安石對神宗說：「內外大臣、從官、台諫們，他們都企圖破壞先王正道，而阻止陛下變法，所以才鬧得朝野上下議論紛紛的。」神宗也認為是這個道理，便又與王安石相知無隙，王安石又堅定地踏上了變法之路。

韓琦見前功盡棄，便更加變本加厲譴責王安石引用周禮蠱惑皇上之心。於是，皇上下令：凡是韓琦奏文一律壓在條例司內不予上報。神宗派遣二位心腹太監（也是王安石的死黨），到各地考察瞭解實情，二人回來後，都極言變法乃民心所願，而沒有出現強制抑配青苗錢之事，神宗對此深信不疑。

久經磨難的王安石再一次經受住了風雨的洗禮，他的變法意志更加堅定，行事也更加果敢。王安石除了推行均輸、青苗、免役等理財方面的變法措施之外，強兵也是神宗與王安石所追求的目標，於是推出了保甲法、保馬法、省兵置將法等軍事方面的改革。

宋太祖趙匡胤為防範武將專制其兵，創立了更戍法，官兵時常更換，結果兵不知將，將不知兵，指揮不靈。同時冗兵問題一直困擾著宋廷，是百年來難以解決的癥結之一。針對這一弊端，王安石實行改革，劃定禁軍防守區，不再將軍隊調來調去，並由固定將官，對禁軍就地加以訓練，使兵知其將，將練其士。同時，裁併原軍營、諸路廂軍，限定軍隊人員，規定應役年限。至此，冗兵之數大減，軍費開資大大減少，軍隊戰鬥力卻有所增強。北宋長期以來懸而未決的冗兵問題被王安石解決了，這是一項利國利民的重要改革。

保甲法是把農村民戶按保編制，十家為一保，五保為一大保，十大保為一都保，每家有兩丁以上，出一人作保丁，對保丁加以訓練，並逐步走向正規化。農忙時務農，農閒軍訓，既不誤農時，又加強了地方武裝，既減少了兵員，又加強了地方統治。保甲法成了王安石的得意之作。

保馬法就是由保戶養馬，給予養戶一定的報酬，但是養戶要負擔許多責任，諸如馬死賠償等等，而且還規定養馬限額。它有利於政府的節省開支以及強兵備戰，實現了利國之目的。

王安石在推行新法過程中，他深深意識到有一批精明強幹、熱心改革人才的重要性，於是進行了教育和科舉方面的改革。整頓學校，改組太學，把反對變法的學生統統罷退，統一編定教材，規定科舉考試科目，為培養實用人才創立了良好條件。

王安石大張旗鼓地改革，在富國強兵方面，收到了一定的效果。如財政收入明顯增加，到元豐年間（西元一〇七八～一〇八五年），中央和地方府庫無不充盈，可以支付二十年之用。北宋邊防也得到加強，熙寧五年（西元一〇七二年）即變法的高潮時期，經略安撫使王韶曾打敗西夏，收復了二百年前唐中葉以後失陷的熙河等五州、幅員二千里的土地，這是北宋歷史上少有的勝利，是變法在一定程度上扭轉了積貧積弱局面的有力證據。

但是，變法終究是觸動了大官僚地主階級、大商人以及王公貴族的利益，他們自始至終沒有放棄對變法的阻撓，千方百計破壞變法，以達到最終取消新法的目的。雖有王安石堅決的鬥爭，但是終因反對派的勢力過於強大，變法在風雨飄搖中傾斜了。

在古代，由於缺乏科學知識，對地震、山崩、星變等自然現象，長期得不到正確解釋。反對派就是用災異天變，天變降罰作為輿論武器，對變法進行破壞。

一天，王安石奏請皇上派人浚治漳河，這本來是件利國利民、造福子孫萬代的好事。但是那個曾經說「祖宗之法具在，不須更改」的文彥博立刻站出來反對，他說：「只有百姓得以安寧，才可能一心務於勞作，國家財用才能豐足，而如今動眾擾民，恐為不可。再者，漳河長久不修，也沒見有什麼壞處。而且即使是河流改道，不流向西，便流向東，十年河西，十年河東，此害彼利，此利彼害，還不都是一回事。」這番謬論簡直是荒唐之極，他在不遺餘力反變法中表現得是那麼無知，神宗聽了也覺得是無稽之談，並沒往心裡去，治理漳河如期動工了。但是之後不久，京東、河北等地突然大風驟起，狂風怒吼，天昏地暗，直吹得人搖樹動，三日不絕。人們都驚恐萬分，連神宗皇帝也不知所措了。這時台諫官劉摯趁機對神宗說道：「陛下，如此惡風，乃是天降災異，這是人們開工動土，驚動了天神，才使天神興風作浪，降下災禍。如果繼續下去，以後不知還會有什麼天災降臨呢。」神宗一聽，立即驚慌起來，神宗雖然算得上是一位開明的君主，但在神祕未解、信奉神靈的年代，大多數人都信奉天命，神宗也不例外。如此狂風亂作，再加上劉摯之言，神宗感覺到這是上天對自己做錯事的懲罰，於是下令停止漳河水利工程。王安石察覺到了反對派的用心，立即上疏神宗，指出天颶風是自然現象，與人事無關，並極言修漳河之利。神宗有所覺悟，收回成命，水利工程得以繼續進行。這一風波算是過去了，但在宋神宗的心裡，卻留下了一道陰影，他對天的威力不免已產生了恐懼心理。

反對派等待機會，借題發揮，這樣的機會終於又來了。西元一〇七二年的一天，華山突然崩裂，京都再次嘩然。文彥博又一次上疏恐嚇神宗，他說：「這是因為實行市易法，侵犯了人民的利益，民怒，才使華山崩塌，這難道不是天在警告我們嗎？」神宗一聽，立刻又害怕起來。與此同時，又偏偏趕上天下久旱，飢民流離，反對派更以所謂天怒人怨為依據，反對新法。神宗害怕天罰，為此坐臥不寧，憂形於色，常常長吁短嘆，想將不完善的法律罷去。王安石反覆開導神宗，跟他講天鳴地裂、河水氾濫、石殞星移等都是天按照自己的規律運行而與人間事情毫不相干的道理，有時二者偶爾相遇，那只是一種巧合。至於水旱災害則是常有的事，即使是唐堯、商湯盛世也在所難免，這不足以使人憂慮，當務之急就是只要做好人為之事就可以了。聽了王安石苦口婆心的勸解，神宗深嘆一口氣，說道：「正是因為人為之事沒做好，才使天降下災害，這豈是小事，朕怎能不憂慮恐懼呢？」王安石那種天變不足畏的大無畏精神並沒有消除神宗的疑懼，反對派抓住了可乘之機，大肆以附會之說動搖神宗，以達到罷黜王安石，廢除新法的目的。

不久，天空有彗星出現。彗星在古代被視為妖星，反對派又以此大造聲勢，使神宗皇帝憂心忡忡。這時參知政事馮京上言說：「臣聞宋初王小波、李順起義，就是因為政府在成都設置博買務，控制百姓在市場的交易，如今又設立市易務，恐怕會引起同樣的事件發生。」神宗一聽立刻六神無主起來，他連忙下罪己詔，要臣下廣為進言。這時已退居洛陽的司馬光，看皇上有求退之心，連忙上疏，陳述朝政的六條失誤，對新法予以全面的否定。他指出：「青苗錢，使百姓負擔日重，而官府無所得；免役錢，聚斂百姓之錢，卻養活了一批遊手好閒之人；市易司與民爭利，而實質是耗散官府財物；保甲法教民習武，疲擾農民；農田水利法，盲目破土，勞民傷財。總之，新法侵擾四方，得不償失。」在司馬光的眼裡，新法已是一無是處了。神宗見司馬光疏之後，對新法的利弊得失也開始懷疑起來。這種懷疑再加上來自後宮的強大壓力，神宗皇帝終於動搖了。

後宮是皇上的生活起居之所，同時又是宦官施展計謀之處。宮廷內所需日用品，都由宦官從商人處購得，他們從中取得巨額回扣，中飽私囊。但自從實行市易法後，都要按市易務規定的市場價格出錢購買，這就堵住了宮中索財的重要渠道，因此他們在太後面前極言新法不便。日久天長，太后也就真的覺得王安石在變亂天下。一次，太監鄭俠繪了一幅在旱災之下流民扶老攜幼圖獻給太后看，並說：「旱災都是由王安石引起的，罷免了王安石，天必下雨。」太后和皇太后二人見圖中百姓悲慘之狀，惻隱之心油然而生，她們來到神宗面前，流著眼淚說：「王安石擾亂天下，快把他逐出朝廷吧！」神宗一時間不知所措，他連忙安慰太后，並點頭稱是。

神宗皇帝終於被反對派的強大攻勢搞昏了頭，他對王安石的信任動搖了，同時也懷疑起新法來。王安石見神宗已完全改變了主意，自己的努力已屬徒勞，於是他請求辭去宰相之職。不知所措的神宗皇帝同意了王安石之請，任他為江寧府（今南京市）知府。

神宗皇帝終於在反對勢力的強大壓力面前敗下陣來，他屈服了！怯懦了！讓步了！王安石也第一次無能為力地退出了朝廷重地。

值得慶幸的是，神宗在王安石罷相之後，並沒有使新法廢棄，他任用改革派韓絳和呂惠卿繼續推行變法。由於二人意見往往不合，於是韓絳密請神宗召回王安石。

被貶到江寧府後的王安石，心情也十分沉重，他想起變法以來的風風雨雨、艱難歷程，不禁一陣心寒，反對勢力怎麼如此頑固，變法圖強何其艱難！王安石沒有因為丟棄相位而放棄理想，他相信，總有一天他會實現自己的夢想，將變法深入下去。為此，他養精蓄銳、藏器待時，並寫詩作賦，修身養性。詩〈登北高峰塔〉就是他這時的成功之作，表現了王安石志趣高遠、高瞻遠矚、不畏舊勢力的胸懷和氣概：

飛來峰上千尋塔，聞聽雞鳴見日昇；
不畏浮雲遮望眼，自緣身在最高層。

王安石寄景生情，抒發自己的情懷。正在他急於想瞭解事態變化、變法實施如何的時候，皇帝下詔書召其回朝。王安石見詔後，十分激動，為了澈底實現自己的政治抱負，他又鼓起鬥爭的勇氣，決定在改革的道路上奮鬥到底。他歸心似箭，晝夜兼程，僅用了七天時間就回到京師，再度為相。

反對派初見王安石被貶，他們欣喜一陣。正當他們指望神宗廢除全部新法之時，王安石卻第二次任相了。於是他們再次把矛頭指向了王安石，並企圖將王安石置於死地。宗室趙世居被指控謀反後被誅，許多人都受到牽連，其中與王安石相識的術士李士寧就是其中之一。負責辦理此案的范百祿以此大做文章，企圖定李士寧死罪，然後株連王安石。此事多虧了副手徐禧及時發現並予以揭露，王安石才免於此難。

王安石見反對派之心如此惡毒，他真是有些困惑了，這一切都是為了什麼呢？反對勢力為什麼如此頑固？這件事對他的打擊很大，他不免有些看淡了仕途，也有些看破紅塵了。

變法的艱難還來自於變法派內部。呂惠卿是變法的核心人物，他對新法的推行也發揮很重要的作用，但他有些專橫跋扈，權欲很重，所以對王安石復相並不歡迎。不久他又與章惇一起貪贓不法雙雙被罷出朝廷。變法派內部分裂了，大大削弱了戰鬥力，也使王安石的改革銳氣受到了極大挫傷。搖擺不定的神宗皇帝這時更加動搖了，對王安石也並不像以前那樣言聽計從，用王安石自己的話說，十句能聽五句就不錯了。這種情況下，王安石清楚地意識到再很難把變法推向前進了。

正當他日益消沉的時候，忽然傳來愛子王雱病死的噩耗，王安石真是悲傷極了。在這種內憂外困的形勢逼迫下，已屆老年的王安石心灰意冷，看破紅塵，再無精力和心思從事他的變法事業了。同年十月，王安石第二次罷相，回江寧過退居生活去了。

王安石在披荊斬棘、奮戰八年之後，離開了紛繁多變的政治舞台。在這不同凡響的八年裡，他夜以繼日，處心積慮，不以為苦；群誹並興，眾謗集身，終無所怨。這就是王安石高尚的品格！退居江寧之後，他寄情山水、訓詁文字，編撰《字說》，作詩填賦，過著恬靜的生活。

王安石第二次罷相之後，新法在宋神宗主持下繼續推行，而且還對王安石基本沒有觸及的官制進行了改革，繼承仁宗時范仲淹改革的某些做法，使北宋長期以來存在的冗官問題得到一定的解決，歷史上稱之為「元豐改制」，是王安石變法的繼續。可以說，神宗皇帝是北宋開國以來守國明主，他不固守祖宗成法，立志對建國以來長期形成的積弊進行改革，這是北宋王朝所有守成帝王都不能比擬的。在守舊派強大的壓力面前，他義無反顧地支持王安石變法，在極其困難的條件下，使變法全方位地展開，並在王安石兩次罷相之後，都使變法得到繼續和深入，這不能不說是神宗皇帝的歷史功勛。所以史家往往將王安石變法又稱為熙寧變法是有道理的。

元豐八年（西元一〇八五年）三月，宋神宗病逝，年僅十歲的哲宗皇帝即位，朝中大權完全掌握在太后手中。她以恢復祖宗法度為先務，立召司馬光輔政。司馬光把新法視為毒藥，予以全盤的否定，新法被全部廢除。

第二年的四月，在令人窒息的氣氛中，王安石悲愴地離開了人世。他走了，帶著深深的失望走了。

這是北宋王朝的悲哀，這是歷史的悲哀！一代偉人走了，一場宏大的運動也銷聲匿跡了。一聲春雷轟鳴之後，大地又沉寂了，天空又充滿了陰霾。北宋的守舊勢力是那麼依戀積貧積弱的局面，終於使北宋政權一步步走向了衰亡。

一場轟轟烈烈的改革運動，就這樣以神宗皇帝的死而告終，這曾引起多少人的深思，它留給我們的歷史教訓究竟是什麼？

毋庸置疑，在北宋王朝江河日下、風俗日敗、國力日衰之時，在慶歷新政殷鑑不遠、人人自危、無人橫刀立馬之刻，王安石以異乎尋常的勇氣和膽識，發出了「祖宗之法不足守」的吶喊，並在頗有遠見的神宗皇帝大力支持之下，發動了一場震驚世界的變法圖強運動。這種披荊斬棘、不畏樊籬、勇往直前的革命精神和鬥志，使王安石，這位十一世紀的改革家，名垂青史。王安石變法也是留給後人的一筆珍貴遺產。它留給人們的教訓正如它的經驗一樣，令人深思。

王安石變法主要是在經濟領域內進行，目的在於富國強兵，並為此做了不懈的努力，取得了一定的成效。但是在熙寧變法時期，並沒有實行政治改革，使之發揮與經濟改革相輔相成的作用，而且即使後來神宗皇帝有所觸及，也遠非經濟改革那麼全面澈底。沒有政治改革相配合，沒有建立一支廉潔向上的官吏隊伍，使改革在實施過程中，出現貪汙不法之官，扭曲了變法的本來面目。重要的還在於，王安石並沒有建立一個維護變法、保護變法的強有力的法律依靠，對反對變法、惡毒攻擊變法之人只是罷黜、降職，給他們留有反撲之機。歷史上成功的改革家如商鞅、孝文帝等，都是以嚴格的法律為保障，才使變法順利實施，並取得最後勝利。所有新與舊的鬥爭，都是極其殘酷而激烈，新勢力面對強大的壓力和阻撓，不是依法鎮壓，使新法根深蒂固，就是屈服於舊勢力的反撲之下，做無力的掙扎。這是政治鬥爭的規律，也是王安石與神宗變法失敗的關鍵。變法過程中，遭遇到如此眾多堅決而頑固的反對者，這也是王安石變法所獨有的。之所以如此，與變法本身有關。面對北宋長期以來存在的冗官、冗兵、冗費這些嚴重的社會弊病，許多仁人志士為此而苦惱，並努力去改變。范仲淹就是其中之一，富弼、韓琦等都曾是慶歷新政的旗手，以後的蘇軾、司馬光等人都為此而思考著、探索著。在人們的心目中，似乎形成了一種模式，要拯危救難就要解決這一社會弊端。三冗現象確實使國家積貧積弱，然而，王安石卻別出心裁，繞過三冗之弊，把重點放在了開源理財、增加國家收入上來。這就引起人們一種不平衡心理，都覺得眼看明擺著的問題不予解決，卻增設新的機構，推出利弊難卜的重大舉措。而且隨著變法的深入，新法本身演繹出的弊端以及實施過程中的失誤，使持不同政見者更加堅信王安石變法的不可行性，反對的呼聲也就越來越高。再加上徹頭徹尾的守舊派因變法觸犯了他們自身利益而強烈反對變法的叫囂，二者混淆一起，使變法自始至終在艱難中跋涉，最後的失敗也在所難免了。

如果說，王安石在醞釀變法或在變法實施過程中，能夠考慮一下不同意見，汲取司馬光等人的節流主張，在開源的同時對於國家痼疾冗費之患予以整治，那麼變法將何其完美，歷史或許能給予他們一個美好的結局。然而十分遺憾的是，政見的分歧影響了王安石集思廣益、從諫如流，使他閉目塞聽、一意孤行。

更讓人悲哀的是，曾享有天下大賢美譽的司馬光，在掌握政權之後，將自己禁錮於個人恩怨之中，甚至無視自己曾經有過的變法主張，他不是對王安石變法做調整、補充和完善，而是全盤地否定了！這是司馬光一生最大的失誤，也是他留給後人的千古遺憾。

王安石，這一偉大的改革家，他沒能使垂死的北宋王朝復甦過來、振作起來，王安石變法帶給人們的一點希望之光，也如范仲淹的慶歷新政一樣轉瞬即逝了。

# 晉用楚材

王安石變法失敗了，北宋王朝點燃的一點希望之光轉瞬即逝，人們又重新回到了循規蹈矩的歲月之中。新法一一罷除，國家政策一片混亂，這為政治投機者蔡京等人造成可乘之機，他們竊居要位，為非作歹，使政局更加動盪不安，趙宋王朝貧弱不堪，其滅亡的命運在劫難逃，最終被強盛起來的金朝所滅。

金朝是宋徽宗政和五年（西元一一一五年）由北方女真族建立的政權，在西元九一六年遼太祖耶律阿保機建立遼國時，女真族還置於遼朝統治之下。當時的女真族遠遠落後於已接受漢文化影響的契丹族，更落後於中原漢文化。但是，金統治者憑著政權初創時的銳氣，憑著對中原文化異乎尋常的接受力，經過太祖完顏阿骨打、太宗完顏晟、熙宗完顏亶、海陵王完顏亮以及金世宗完顏雍等幾代人艱苦卓絕的努力，探索出一條仰息漢文化的改革之路，終於使女真政權由弱變強，由小到大，完成了自身的封建化進程，並於西元一一二五年滅亡了已是強弩之末的遼國。兩年之後，腐敗不堪的北宋王朝也遭到了靖康之難，徽欽二帝成了大金帝國的階下囚，北宋滅亡了。

隨後，趙構在南京建立了南宋政權。偏安東南的南宋統治者終日沉醉於腐朽生活之中，胸無大志，不思進取，根本無視國家的統一與民族的振興，一味地苟且偷生，直把杭州作汴州，終日沉浸在歌舞昇平之中。但是如此沒落的南宋政權竟苟延殘喘達一百五十餘年之久，之所以會出現歷史上這一奇怪現象，與金政權息息相關。金統治者在以漢文化為指導，對女真族進行社會改造的同時，卻對宋朝的種種弊政缺乏認識，將漢文化中的精華與糟粕毫無選擇地幾乎全盤吸收。因此，金朝在滅亡北宋之後，也很快地腐朽下去，繼金世宗之後，女真勢力每況愈下，日益衰落的金王朝已無力南侵，就這樣，兩個同樣不堪一擊的政權互相匹敵，南北對峙著。

正當宋金對峙之時，生活在北方的蒙古民族趁機強大起來，一代天驕成吉思汗於西元一二〇六年建立了奴隸制蒙古國家，並開始了舉世震驚的大規模戰爭。歷史上著名的三次西征，其勢力遠達歐洲和西南亞，使蒙古成了一個橫跨歐亞的大汗國。當然這個汗國只是一個不穩固的政治軍事聯合體，不久便分裂成幾個獨立的汗國了。蒙古國大顯神威，也使十三世紀的中國聞名於世。成吉思汗相繼滅亡了西遼和西夏，並連續向金發動進攻，為後來元朝統一全國打下了堅實基礎。西元一二二七年，成吉思汗在第三次西征的東返途中病死於六盤山，他的兒子窩闊台繼承了他的事業，繼續對金形進行猛烈攻勢，終於使金滅亡，占領了金的全部統治區域。

金亡後，下一個目標就是直逼南宋，統一全國。然而，如何才能使政權在占領區內得到鞏固，並更加強盛，最終完成統一大業，這著實使蒙古統治者煞費一番苦心。歷史告訴人們，凡是落後的征服民族終究被先進的被征服民族所同化，鮮卑、契丹、女真的歷史都已證明了這一點。而使蒙古人認識這一真理的是生長於契丹族封建官僚家庭中的耶律楚材。

金世宗大定二十九年即西元一一八九年的一天，金朝的中都燕京（今北京）內一個契丹耶律氏人家分外熱鬧，充滿節日的喜慶，進進出出的人們笑逐顏開，祝賀與感謝之聲不絕於耳。堂內一位花白鬍鬚的老者面帶微笑向人們連連致謝，原來是這位老者六十花甲又得一子，這使他大喜過望，興奮之餘免不了大擺宴席，親朋好友爭相前來祝賀。此時的耶律氏老者雖沒有他祖父輩那般顯赫，但也不乏滿座親朋。這位老年得子的老人就是已亡遼國耶律氏的後裔耶律履。遼國被金滅亡後，遼國皇族大都定居於燕京，置於金政權的直接統治之下，耶律履就生活在這樣的社會環境之中。時距遼國滅亡已六十餘年，金統治者對耶律氏已解除禁戒，所以才有了耶律履歡慶得子之場面。他對前來祝賀的人們說道：「我年近六十又得了個兒子，這是我家的千里駒，日後必成雄才大業，為他國所用，就給他取名楚材吧。」耶律履望子成龍的同時，也詛咒著有亡國之恨的金國必有滅亡之日。於是才給兒子取名楚材，字晉卿，取意《左傳》中「楚材晉用」的典故。「楚材晉用」是說春秋時，楚國刑罰苛刻，不重視人才，使許多士大夫投奔晉國，為晉所用，在晉楚爭戰中，楚國總是處於被動局面，當時就有人議論說：雖楚有材，晉實用之。耶律履為兒子取名楚材，確實應了他的心願，耶律楚材終為蒙古國所用，為蒙古滅金立下了汗馬功勞。

耶律楚材的童年生活十分清苦，三歲時，十分珍愛他的父親就病故了，是母親楊氏一人將其撫養成人。楊氏是一個很有教養的婦人，夫亡後，她一心撫育兒子，將所有的心血傾注在兒子身上。耶律楚材也確實天資聰穎，勤奮好學，不久便成長為博學多才、能詩善文的有為青年，終於於金章宗末年中了進士，考取了功名，被任命為尚書省左右司員外郎。

然而，耶律楚材的仕途之路並不是一帆風順的，此時金王朝已經由鼎盛時期衰落下來，統治集團腐化墮落，苟且偷生。初創的蒙古國從西元一二一一年起，在成吉思汗的率領下南下伐金，勢如破竹，長驅直入，攻陷山西、河北、山東的許多州縣和城鎮，並包圍了金中都燕京。在這種嚴峻的形勢面前，金主衛紹王完顏永濟，怯懦無能，不能有效組織對蒙古軍的抵抗，於西元一二一三年被從前線敗歸的將領所殺。繼承者宣宗完顏珣同樣缺乏堅守燕京的信心，一改抗戰禦敵而為屈辱求和，向蒙古軍繳納金帛，並以公主和親來換取暫時的和平，然後倉皇逃走，直奔汴京（今開封）。皇帝一走，燕京更是勢氣大衰，留守丞相完顏暉再也沒有能力抗敵，燕京終於西元一二一五年淪陷，耶律楚材同燕京一起，落入蒙古人之手。

這時的耶律楚材，意志十分消沉。燕京被占領，他的從政仕途被阻死，施展才華無路，報效祖國無門，看到的只是蒙古軍隊對當地人民的踐踏，受盡蹂躪的苦難人民無力地掙扎，耶律楚材心灰意冷了。他杜絕交遊，不理家務親情，一心一意地鑽研起佛教來。

他的老師萬松老人是當時有名的禪宗僧人，兼通儒學和佛學。跟萬松求學的三年是耶律楚材一生受益最深的一段時光，對他以後從政發揮了極其重要的作用。他不但接受了儒家思想的熏陶，而且也深受佛教清心寡慾的啟迪，最後終於形成了以儒治國，以佛治心的思想原則。當時他寫了一篇名為〈貧樂庵記〉的散文，表明了自己的理想和抱負。他說，他的理想是能輔佐像堯舜那樣的君主，使天下百姓都受其恩澤。並指出以儒家思想為指導，治國安邦，是他刻意追求的政治目標。從此，他從最初的消沉中振作起來，並為實現自己的政治理想而努力著。

正在這時，東征西伐的蒙古大汗成吉思汗得知耶律楚材精通陰陽、數術、天文歷法和醫術，便立刻派人到燕京將楚材召請到蒙古國都斡難河源。

耶律楚材見召，心情十分激動，他久聞成吉思汗之威名，也深切意識到蒙古國是當時中國最有實力、最充滿朝氣的政權，國家的統一也只有蒙古人才能完成。同時，他也親眼目睹了蒙古軍隊的肆意橫行。耶律楚材認為，只有對蒙古軍隊實行文明的漢化改造，才能使這一政權充滿活力，承擔起完成祖國統一的大業。

耶律楚材懷著希望，帶著夢想，離開了自己的家鄉。經過半年的艱苦跋涉，耶律楚材終於見到了他心目之中仰慕已久的聖主、威武莊嚴的蒙古大汗。成吉思汗所見到的也是一位身材魁梧、氣度不凡的契丹族青年，大汗非常高興，便把耶律楚材留在自己身邊，隨時諮詢。

耶律楚材見成吉思汗如此看重自己，喜出望外。但是，日子一天天過去了，他只是隨著大汗西行，從事著解答疑難、觀察星相、預卜吉凶、書寫漢文詔書等瑣碎事務。日復一日，年復一年，他的時間和精力都用在這種文祕性質的繁瑣工作之中。耶律楚材親眼目睹的是蒙古大軍西征的野蠻，所到之處，燒殺掠奪，人民深受其苦。如此悲慘的局面，是耶律楚材那顆深受佛教洗禮的心靈所無法接受的。他曾多次向成吉思汗建議停止西征，穩定國內秩序，發展農業生產，以文治國。但是，大汗所要建立的是至威武功，對於這位文書的話充耳不聞。

耶律楚材人微言輕，他沒有權參與軍國大事的決策。對此，他十分苦惱，自己的政治願望是輔佐明君，以儒佛治國，而如今卻走上了戎馬生涯，事與願違。雖然如此，但楚材沒有消沉，他利用自己與大汗接近的有利條件，影響他、勸誡他。

西元一二一九年至一二二四年，是蒙古軍的第一次西征時間。成吉思汗率軍西征花剌子模（今中亞阿姆河、錫爾河流域一帶）。多年的征戰，軍隊無止境地向前推進，當前方遇到頑強抵抗，後方暴動不斷發生時，蒙古軍隊已兵疲馬憊。於是，耶律楚材便尋找機會，勸成吉思汗班師。恰在這時，前方軍隊遇到一個怪獸，這隻怪獸體形像鹿，卻長著一條馬尾，通身發綠，頭上只長一隻角。實際上這是隻犀牛，可大家沒見到過，都感到很奇怪。眾人十分驚詫，成吉思汗也深以為怪，便詢問楚材是怎麼回事。耶律楚材便藉機向成吉思汗進言道：「啟稟大王，這獸名叫角瑞，是天派到人間的使者，它惡殺好生，一天能行一萬八千里，懂得四方各國的語言。上天派它來轉告大王，要大王您不要再行征戰，要保全民眾，趕快班師回朝。」成吉思汗一聽，信以為真，立刻下令班師。耶律楚材利用蒙古統治者對天的迷信，借題發揮，巧妙解釋，終於促成了成吉思汗結束西征，這對人民堪稱為一件幸事。

第一次西征結束，舉國軍民皆大歡喜，成吉思汗如夢初醒，這才明白耶律楚材的良苦用心，不覺對他倍加賞識。回想起平日耶律楚材的多次進諫，成吉思汗猛然發現，身邊的這位文書兼算命先生乃是一個難得的治國人才！他為得到這位人才深感欣慰，並決定回朝後，重用耶律楚材，讓其為治理國家出謀獻策。

耶律楚材得到大汗的賞識和器重，這與他堅持不懈的努力是分不開的。在西征期間，有一次成吉思汗身邊的西夏工匠常八斤曾對他說：「我們這個朝代是崇尚武功的，您卻以文才求進取，豈不是走錯路了嗎？」楚材立即反駁道：「你是工匠，一定知道製造弓箭得需要工匠。同樣的道理，治理天下也需要一種工匠，那就是有文才的人。」楚材懷著遠大志向，在逆境中也沒有放棄自己的理想，這一對理想的執著終於感動了成吉思汗，使成吉思汗也清楚地意識到了「天下雖得之馬上，卻不可以馬上治」的道理，明白了保衛江山社稷單靠武力是不行的，必須以文治國。

西元一二二七年八月二十五日，對於蒙古人來說，是一個舉國哀悼的日子，因為他們的領袖，中國歷史上的一代天驕成吉思汗，在還沒有完成他的歷史使命之時，永遠地合上了雙眼。臨終前，成吉思汗拉著兒子窩闊台的手，一遍又一遍地告訴兒子：「耶律楚材是上天賜給我家的真正天才，以後你要把治理國家的事委託給他，凡事要多徵求他的意見。」然後又把耶律楚材叫到床前，意味深長地望著他，似乎在叮嚀耶律楚材：千萬輔佐好蒙古新的大汗，這樣自己才可以瞑目九泉啊！當他從耶律楚材那含淚的目光中看到了肯定之後，他才放心地永遠睡去了。

成吉思汗的時代結束了，但是對於耶律楚材來說，卻是他政治生涯的真正開始。成吉思汗的臨終遺言，將他視為治理國家之才，其地位也就青雲直上，今非昔比。這為他實現自己的政治主張，提供了良好的契機。

成吉思汗生前曾安排由三兒子窩闊台繼承汗位，但按照蒙古社會的傳統，大汗的繼承人應由「忽力勒台」也就是貴族大會選舉產生。因此窩闊台還沒有合法的地位，在忽力勒台召開之前，暫由其弟拖雷代行大汗職權，稱為監國。

拖雷監國期間，耶律楚材曾奉命前往故鄉燕京懲治盜賊，與此同時，他寫了一部隨軍西征遊記《西遊錄》。書中除記載了西北和中亞地區的山川地理、氣候物產以及風土人情之外，在最後明確提出了他的治國之略及政治主張。內容包括：定制度，議禮樂，立宗廟，建宮室，創學校，設科舉，拔隱逸，舉賢良，求方正，勸農桑，抑遊惰，省刑罰，薄賦斂，尚名節，斥縱橫，去冗員，黜酷吏，崇孝悌，賑困窮等等。這一主張囊括了政治、經濟、法律、風俗等方方面面，堪稱耶律楚材經過十年深思熟慮和精心準備之後而提出的施政綱領。西元一二二九年，窩闊台（元太宗）稱大汗，耶律楚材以輔臣的身分開始實現自己的治國之策。

此時的蒙古國，雖依恃武力占領了中原大部分地區，在漢文化高度發展的中原地區有了一席之地，但它仍處於落後的奴隸社會時期，每征服一處，或是掠奪財物，或是霸占土地以做牧場，並沒有意識到農業的重要性，對漢人更懷著莫名的仇恨。一些蒙古貴族曾建議：「把俘虜的漢人都殺掉，使農田空出來，長出草木，作為牧場。」這種論調不是一人兩人的想法，而是代表著整個蒙古統治集團的一致心態。

耶律楚材對此十分著急，他不畏強權，挺身而出，針鋒相對地指出：「農業是治國之本，而人民是農業的直接勞動者，只有安撫漢人，才能發展農業，也只有發展農業，才能稱霸中原，統一全國。如今大汗擁有這麼遼闊的土地，豐富的物產，只要治理得當，需要什麼就可以得到什麼。」太宗對耶律楚材的話雖然將信將疑，但因耶律楚材是父王所托，而且又很有學問，也就聽從了他的意見。

按照蒙古軍攻城略地的一貫做法，所攻城邑，如果是曾經予以抵抗，而不是一開始就開門迎降，那麼城被攻陷後，就要屠城。當蒙古軍攻打金朝都城汴京時，城內曾進行了頑強的抵抗，使蒙古軍圍城達半年之久，才於西元一二三四年的正月攻破汴京城，金朝滅亡。按慣例，將對汴京屠城，大將速不台為此請示太宗。耶律楚材得到消息之後，連忙趕到太宗跟前，勸阻道：「將士們風餐露宿，不畏烈日嚴寒，大汗您廝殺疆埸，身先士卒，為的都是什麼？不就是為了爭奪土地和人民嗎？如果占領了這塊土地，卻殺光了人民，那麼誰來經營土地，土地還有什麼用呢！而且汴京城裡住著不少能工巧匠和殷實豪富之人，他們都將為您所用，豈不是更好！」一席話，使太宗改變了一貫做法，使汴京城內百萬餘人從蒙古軍隊的屠刀之下解脫出來。

耶律楚材對人民的愛護，其實質是對經濟恢復和發展的重視。他看到戰爭給人民帶來的災難，給經濟生活造成的嚴重破壞，覺得當務之急就是招撫流民，穩定人心，恢復生產。

由於戰爭，使無數官兵百姓成了俘虜，他們之中很多人不堪忍受俘虜的待遇，逃了出來，成為逃民。皇帝為此下令：如有收容逃民或供給他們飲食的，一律處死，而且一家犯禁，全族連坐。此令一下，人們惶惶不可終日，以至父子兄弟不敢相認，逃民無處安身，餓死路中，不計其數。耶律楚材看到這慘不忍睹的悲慘景象，認為這道命令對人心穩定及恢復生產都極為不利。於是他又勸說太宗取消禁令，他說：「俘虜逃亡固然可恨，但是如果大汗您能放寬政策，安撫他們從事正常的生產生活，他們也就不會逃亡了。如今流民隨處可見，應及時招撫他們，使他們重新回到土地上去，否則如果他們走到窮途末路，勢必成為社會的不安定因素，汗王應防患於未然。」太宗覺得他講得很有道理，便取消了禁令。流民得到安撫，很快都回歸故里，從事農業生產。此舉對中原經濟的恢復和發展具有極其重要的積極意義。

國家收入主要靠稅收來完成，經濟發展了，財源自然也就滾滾而來。耶律楚材首先在燕京、宣德（今河北宣化）、西京（今山西大同）、太原、平陽（今山西臨汾）、真定（今河北正定）、東平、北京（今內蒙古寧城）、平州（今河北盧龍）、濟南等地設立了十路徵收課稅所，長官被稱為課稅使，人員在中原士人中挑選，同時制定了徵收鹽、酒、雜稅和地稅數目。第二年，各路課稅使便將白花花的銀子、成匹的布帛、成石的糧食如數呈到太宗面前。

太宗一見那白花花的銀子、琳瑯滿目的綾羅綢緞、堆積如山的糧食穀物，他簡直不敢相信自己的眼睛，再定神仔細看看，這些竟是真的！太宗驚喜萬分，他萬沒想到耶律楚材竟有如此本事，中原士人也有這麼多能幹之才。太宗這時才知道除了用軍事手段進行掠奪之外，還可以用行政手段索取漢地的財富。有了這一次的收穫，嚐到了以前從沒有過的甜頭，太宗終於把農業和稅收提到議事日程上來了。

當蒙古統治者看到稅收給他們帶來的好處之後，便決定製定一個可行的賦稅制度。但是，在賦稅方式以及徵收數額上，統治者顯得貪得無厭，耶律楚材為此再一次與守舊勢力發生了爭執。

那些守舊大臣為了多徵賦稅，主張以丁為收稅單位，耶律楚材當即表示反對：「自古以來，統治中原的國家，沒有哪一個是以丁徵稅的。徵收地稅是歷史的進步，我們不能倒行逆施，違背歷史的發展規律。所以還是收取地租，以土地為收稅的標準。」反對派也覺得耶律楚材的論斷有道理，但是這卻與自己貪婪之用心不相符合，於是便強詞奪理起來，他們竟說什麼：「金朝是以地取稅的，但其是亡國之政，不足以效法。」這一說法確實令太宗心動：是啊，金朝是被我蒙古滅掉的，怎能再用它的制度呢！耶律楚材見皇帝也有這種想法，便耐心地向太宗解釋說：「金朝固然是為我朝所滅，但是它的一些政策是先進的，是符合歷史發展規律的，我們為什麼不能用呢？如果汗王只是因為這一點而不用先進的制度，那麼，漢承秦、唐承隋又如何理解呢？」經過他苦口婆心的講解，太宗皇帝終於算是明白了這個道理，便責成耶律楚材主持制定賦稅數目。

耶律楚材本著輕徭薄賦、寬恤民力、以利生產的原則，制定了稅額，即地租上田每畝三升，中田二升半，下田二升，水田五升；酒稅收利息的十分之一；雜稅收取三十分之一；商人販鹽要領取鹽引，鹽引四十斤收銀一兩；同時還規定了每戶繳納絲料的數額。當他把這個稅額交給太宗、太宗向朝臣公布之後，立刻引起了朝臣的普遍反對。他們都覺得這一賦稅數額太小，根本不能滿足需要。耶律楚材認為不能再增加了，他指出：「國家初立，戰事還沒有結束，對百姓要輕其負擔，使之休養生息，經濟才能發展，國力才能增強。如果竭澤而漁，勢必造成國力衰竭，必呈危機之勢。」太宗再一次採納了他的方案，從而使農民有了一個良好的生產生活環境。經濟政策的基本確立使國家經濟發展有了可靠保障，這也是耶律楚材治國的一個主要方面。

與此同時，他又在政治上制定了一系列政策和措施，使國家走上了有法可依，有章可循的有序化軌道。

按照蒙古的禮節，大汗雖貴為皇帝，但他手下大臣卻與之平起平坐，並沒有跪拜之禮。

太宗即位時，耶律楚材參照中原王朝禮制，制定了登基禮儀，規定所有臣民都要向大汗行跪拜之禮。對此，太宗的哥哥察合台很不理解，他說：「想當初父王在位的時候，我們也沒有跪過，只是服從命令罷了，可如今卻要向弟弟下跪，這豈不是荒唐！」耶律楚材對他耐心地說服道：「大王您雖是大汗的哥哥，但弟弟既然已是大汗，您就居於臣子的地位了。按禮節，臣拜君，這不是理所當然的嗎？如果您帶頭參拜大汗，那麼誰還敢不拜呢！」最後，察合台終於接受了他的意見，在太宗繼位儀式上，帶領貴族和臣僚跪拜在大汗面前。從此，蒙古國才有了對大汗的跪拜禮節。禮儀雖然是細枝末節之事，但是它對於初創的蒙古政權來說，意義卻是深遠的。在蒙古統治集團中，貴族勢力十分強大，他們往往可以左右大汗，參拜之禮的制定，也就同時確立了大汗在貴族中至高無上的地位，這對加強大汗權力，穩定剛剛建立的政權是十分有利的。

太宗即位之初，諸事紛繁，地方官吏也各自為政，肆行不法，任意掠奪，聚斂財物，兼併土地，無惡不作。蒙古貴族和功臣也常常干預地方行政，擅自行使權力。針對這種混亂局面，耶律楚材開始致力於整頓和重建封建秩序，穩定中原局勢。他提出，分解地方官的權力，將軍權和民權分開，財權由徵收賦稅的課稅官所掌管，地方長官只管民事，設立萬戶府管軍政。這樣三者可以互相牽制，互相監督，地方官吏受制於中央，使中央對地方的統治權大大加強了。

法律對於一個政權來說是至關重要的。只有臣民依法辦事，遵紀守法，這個社會才會井然有序。耶律楚材制定法律，對地方實行控制，並限制蒙古貴族的權力，不許他們干涉地方行政事務。他清楚地意識到，廉潔官吏隊伍必須使官吏有穩定的收入，因此他又制定了班祿制度。

太宗以前，官吏都沒有俸祿。官吏、將領、士兵的收入不是來自戰爭掠奪，就是來自大汗的賞賜。其結果是官吏侵吞公物，勒索百姓，利用一切可能的機會中飽私囊，給社會風氣造成極壞影響。耶律楚材為了整頓吏治，制定了按級給俸的原則，使官吏有了固定收入。與此同時，又制定了對官吏的監督與考核辦法。蒙古貴族對此都提出強烈的反對意見，因為班祿制堵住了他們因肆意掠奪搜刮而聚斂財富的發財之路。由於太宗的支持，班祿制最終確立下來。班祿制的確立，是蒙古社會邁向封建化的關鍵一步，隨著各種制度的一一制定，社會秩序開始逐步走入正軌。

蒙古地區與中原和西域聯繫的驛站，管理上十分混亂，王公貴族利用手中權力，不論公私大小事務，都任意使用驛馬、驛卒，稍不如意，便行使武力，使沿途百姓和驛卒不堪其苦。針對這種現象，耶律楚材規定：凡是官府派遣的使臣，一律發給牌劄，朝廷統一制定牌箚，沒有牌箚的，驛站一律不予接待。同時又根據事情緩急、官位高低，制定不同的接待規格和飲食標準。這樣驛卒和百姓才稍稍得以安寧。

除此之外，耶律楚材還制定了懲罰犯罪的一系列法律，諸如對私自買賣、借貸官物之人，要依法治罪；官吏貪汙要治罪；府庫管理人員若盜竊府庫物資，要處以死刑等等。

高利貸是蒙古社會的一大禍害。建國之初，百廢待興，許多百姓難以生計，於是一些西域商人便藉機放高利貸，以搾取暴利。此外，州縣如有盜竊、搶劫案發生，如一年之內不能破案，丟失的錢物就要由當地官民如數賠償，此種規定使本來就十分貧困的百姓更加上一層重負，他們無路可走，只好去借債。而高利貸盤剝是十分殘酷的，借貸一年，要付百分之一百的利息，若逾期不還，利息又變成了本金，再收同樣的利息，如此利滾利地累積，十年下來，就要使借債人償還本金的一千零二十四倍。這一驚人的數目，使無數人傾家蕩產。耶律楚材對此做出規定，今後不論借貸時間長短，不得將利息劃作本金繼續計算利息，同時也對利息做了調整。此種規定對高利貸做了必要的限制，使高利貸擾民現象得到了控制，社會秩序大為安定。

經過耶律楚材一系列的整頓和改革，蒙古國在中原地區的政治經濟制度已經初具規模。從此以後，中原地區開始走上恢復軌道，蒙古國在軍事征伐的同時，國民經濟也得到了一定程度的發展，社會秩序走向了井然有序化。隨著金國滅亡，統治範圍擴大，面臨的問題也開始增多，耶律楚材進一步加大力度，使蒙古社會逐步向封建化邁進。

按照蒙古慣制，攻城略地之後，所得的土地、人口，都按等級高低、功勞大小分別賞賜給貴族和將領，這也是奴隸主貴族積極從事戰事的動力之一，也是在民族矛盾上升時期，統治階級為調動官兵積極性而採取的主要措施。但是，在入主中原後，如果還繼續實行這種分封制，則意味著在封建經濟已高度發展的中原地區，將會出現地主制向領主制的倒退，這是歷史發展規律所不容的！耶律楚材及時並有效地阻止了這一歷史的倒退。

西元一二三六年，太宗命人在河北、山東、山西等地區清查戶口，準備在漢地實行分封，並確定分封的地區和每個領主應得民戶的數目。情況十分緊急，耶律楚材挺身而出，他對太宗說：「啟稟大汗，中原地區已有一千多年封建經濟的歷史，封建經濟在這一地區已根深蒂固，而且漢人地主在各地都有自己的武裝。如果大王再把這些土地分給蒙古貴族，實行領主制，那麼漢人地主勢必會不滿而起來反對。而且領主很大程度上會廢農田開牧場，勢必破壞經濟的發展，所以為了避免戰爭的發生，維護得之不易的和平局面，並使農業經濟繼續發展，還是不要分封。」

太宗對楚材解釋說：「愛卿有所不知，眾人隨我南征北戰，走南闖北，不就是為了得到這些利益嗎？如果我不賜給他們土地和人民，他們一定會不滿意朕，那樣會對朕的統治產生不利的影響。」

耶律楚材則說道：「大汗，其實從歷史的經驗來看，西周實行了分封制，最後出現了春秋戰國群雄爭霸的局面；漢初也行分封，被漢武帝取消，才加強了中央集權。汗王如果現在實行分封，將來地方勢力一定會逐漸強大，最終會導致地方與中央的對抗，反而更不利於汗王的統治，不利於統一政權的建立和鞏固。還請汗王三思。」

太宗聽了耶律楚材這番話，覺得耶律楚材說得很有道理。但是，令他擔憂的是統一大業還沒有最後完成，南宋還沒有消滅，他唯恐停止實行分封之後，蒙古貴族會喪失進取之心，不再為他賣命效勞，所以他舉棋不定。而當時，朝廷內所有的蒙古大臣都極力說服太宗盡快實行分封，他們好儘早得到自己應得的那一份。耶律楚材在朝中沒有一個同盟者，異常孤立。

正當此時，中原地區漢人地主階級掀起了反對蒙古貴族分封的浪潮，其中東平地區行軍萬戶、漢人武裝地主嚴實準備起兵反對分封。他先派手下人王玉汝到蒙古首都和林（今蒙古國鄂爾渾河上游哈拉和林）來找太宗評理告狀。王玉汝深知耶律楚材是傾向於漢人地主的，所以連夜跑到耶律楚材的住處，求他幫忙。王玉汝一見到耶律楚材，跪地就哭，耶律楚材忙問發生了什麼事，他哭訴道：「嚴公派我來見太宗，要求不要分割嚴公所統轄的東平地區。

可是我到了這裡才知道，就是先生您都不能說服太宗轉變想法，看來我就更沒有辦法挽救這種局面了。我也沒有面目回報嚴公，只有一死了之了。」耶律楚材連忙加以阻止。

王玉汝的到來，無疑給耶律楚材帶來很大的震動，看來漢族地主階級就要起而反抗了，這更增添了他的緊迫感。第二天，耶律楚材領王玉汝面見太宗，他向太宗申訴道：「嚴實對朝廷是有功的，他率領三十萬戶歸順，使汗王能順利地統治了中原。如今卻要分割他的土地，把歸附他的民戶賞給別人，汗王對有功之人如此無情，會使人心寒的。」王玉汝也在太宗面前哀求。從各方面利益著想，太宗不知如何是好，默然無聲。

蒙古貴族與漢人武裝地主的衝突已經是箭在弦上，一觸即發。如不能妥善解決，後果不堪設想，剛剛平息的中原戰火，有可能重新點燃，中原人民渴望已久的和平也將化為泡影。就在這關鍵時刻，耶律楚材為瞭解決這個迫在眉睫的矛盾，急中生智，提出了一個萬全之策，並被太宗改採納，那就是五戶絲制度。

五戶絲制規定：分封成命不取消，各領主仍按原計劃占有一定數量的民戶，但是封地要隸屬於地方政權管轄，州、縣由朝廷派遣官吏，而領主無權干涉行政事務，也不得任意在封地徵兵徵稅。領主政治上的損失，在經濟上給予補償，即政府按領主占有民戶的數目，以每五戶出絲一斤的標準，向領主頒賜絲料。

耶律楚材的這一五戶絲政策皆大歡喜，漢人地主可以以朝廷命官的身分行使對地方行政的管理權；蒙古貴族也可以從朝廷那裡得到固定的經濟報酬。由分封引起的一場紛爭就這樣結束了。五戶絲制度穩定了蒙古政權的統治，為全國統一創造了條件；同時，它限制了地方勢力的膨脹，為後來加強中央集權打下了堅實的政治基礎。

分封風波結束後，耶律楚材倍感人才之重要。朝中眾大臣都是蒙古守舊貴族，對政權穩固極其不利，於是他提出了科舉取士的構想。

西元一二三七年的一天，耶律楚材對太宗說：「製造器物要選用高超技術的工匠，而鞏固統治也必須任用傑出的人才。」太宗問他：「如何才能得到傑出的人才呢？世上還有像愛卿您這樣的賢才嗎？」耶律楚材笑了笑，說：「天外有天，人外有人，世間比愚臣強的人何止千萬。就看汗王用不用了。」太宗一聽，連忙說道：「愛卿憑您的學識，已為朕解決了許多棘手的問題，看來以文治國至關重要，我現在急需像您這樣的人才，愛卿請講，到哪兒可以找到更多的賢才儒臣呢？」耶律楚材答道：「只要通過科舉考試，就可以盡招天下之才。」太宗立刻應允。

第二年春天，蒙古統治區域首次出現了開科取士的壯舉。在考試的那段日子裡，各地熱鬧非凡，因為對蒙古人來說這是一件新鮮事，他們還從來沒經歷過科舉考試，而對中原漢人來說，多年的戰爭已使科舉廢弛，現在，士人孺子又重新看到了希望。這次科舉設經義、詞賦、策論三科，由斷事官術忽斛和宣德路課稅使劉中到各路主持，凡是儒生都可參加。而且還特殊規定，凡在戰亂中淪為奴隸的也可參加，如主人加以阻撓，就處以死刑。奴隸通過考試不但能獲得自由，而且還可以入仕為官，這是耶律楚材令人鼓舞的創舉，同時也為國家收攬了大批人才。這次考試取士四千多人，其中有四分之一是奴隸。這些人歡欣鼓舞，心潮澎湃，他們決心用自己的才華報效朝廷。

科舉取士使才子儒士充實到政府官僚機構中，這又使舊貴族中那些無能之輩惶惶不安，他們擔憂的是有朝一日，自己將被文人學士所取代。為了不致失勢，他們便在科舉剛剛見到成效之時，極力地去阻撓，傾其所能將此取士之法扼殺在萌芽之中。被守舊貴族包圍著的太宗皇帝，聽信了貴族們所謂科舉制給社會造成混亂這一謬論，將只進行了一次的科舉制給取消了。雖然如此，耶律楚材畢竟保護和選拔了一批人才，為世祖時期的發展繁榮積蓄了力量，奠定了人才基礎。

耶律楚材單槍匹馬，衝破重重阻力，促使太宗採取了發展生產、嚴明法紀、限制權貴等一系列措施，從而引起了舊貴族和舊官僚的不滿，他們伺機報復，並企圖將其置於死地而後快。

在金滅亡之前，有一次貴族石抹咸得卜唆使皇叔斡惕赤斤誣告耶律楚材勾結金朝，企圖顛覆蒙古國。謠言一出，那些反對他的人立刻捕風捉影，極度誇張，導致滿城風雨，太宗也有些疑惑了。耶律楚材毫不畏懼，他對太宗說：「臣自從跟隨了先祖成吉思汗，就一心為國效力，從無二心。汗王即位以來，臣將全部精力都用於各項制度的確立之上，所有這些，汗王您都親眼目睹了。至於謠言所說，請汗王詳查，如確有其事，臣誓死不辭！」太宗最終查出皇叔所告不實，真相大白，耶律楚材才免於被害。

貴族的誣陷與誹謗並不可怕，耶律楚材可以仰仗太宗的信任和支持與之抗爭，可怕的是壓力來自於皇上。

有一次，太宗十分寵信的大臣通事楊惟中，因為受賄被耶律楚材關了起來。太宗得知此事，立刻就火了，他二話沒說就命人把耶律楚材綁上，準備處治。這時大堂上鴉雀無聲，誰也不敢說話。過了一會兒，太宗開口了，他問道：「耶律楚材，你可知罪？」耶律楚材回答：「臣不知何罪之有。」「既不知有罪，為何不替自己辯解？」實際上這時太宗的氣已消得差不多了，他知道耶律楚材是棟樑之材，從大局著眼，他也會網開一面，何況他也知道耶律楚材是秉公辦事，問題出在自己寵愛楊惟中，要偏袒他罷了。太宗氣消之後，開始後悔自己所為，便命人給耶律楚材鬆綁。而此時的耶律楚材卻不肯，他說：「我是朝廷大臣，陛下把國政都委託給我了。今天陛下命人把我捆綁起來，是因為我犯了大罪。現在又讓鬆綁，則說明我沒有罪。陛下身為一國之君，如此出爾反爾，怎麼能行呢？臣有罪就當罰，如沒有罪也要當眾說清楚，臣才肯讓人鬆綁。」耶律楚材的這一番話，使在場的群臣都緊張起來，他們預感到皇上定會大發雷霆，耶律楚材定有不測之禍。沒想到，太宗竟被耶律楚材的話感動了，他居然對耶律楚材道起歉來，說：「我雖然是皇帝，難道就沒有辦錯事的時候嗎？還是請愛卿不要怪朕。」耶律楚材不畏強權的鬥爭精神以及義無反顧的改革信念，使這位萬人之上的少數民族封建帝王竟置自己的神聖權威於不顧，而勇於向自己的臣下當眾道歉，作為君臣其品質都是難能可貴！有充滿才智的臣子，再加上性情寬厚仁愛的君主，才有了蒙古初期的進步和封建化改革的初步成功。

經過改革，蒙古國到了西元一二三八年，政府倉庫的儲存，可以支付十年之用。各項制度初備，人民生活基本安定，蒙古社會走上了有序化。

但是，隨著改革的深入，中原財富源源而入，太宗的貪慾也就隨之逐漸增強，其眼中只有看得見的財富。於是，一些阿諛奉承之徒，便乘虛而入，竭盡所能，搜刮民財，如此既得太宗歡心又使自己陞官晉爵。

自西元一二三〇年制定徵稅制度以後，每年徵收的數目都有所增加。一二三六年規定課稅數額為五十萬兩白銀，到一二三八年，稅額增加了一倍，達一百一十萬兩。而太宗對此還不滿足。一次，回回商人奧都剌合蠻提出用二百二十萬兩銀子撲買課稅，撲買就是用這些錢買得課稅權，而他如何徵收，政府就不再過問了。可以說這種撲買課稅對百姓來說是一種災難，一旦撲買成功，大地主商人便會以此巧取豪奪，牟取暴利，人民就會苦不堪言了。對此，耶律楚材堅決反對，他對太宗苦苦相勸，他說：「徵稅二百二十萬兩已是百姓的極大負擔了，而回回商人得到撲買權之後，他所徵收的要遠遠超過這個數字，這勢必要用嚴刑苛法殘害百姓，百姓如被逼得走投無路，就會鋌而走險。這難道對國家會有好處嗎？還請陛下三思。」然而，這時的太宗皇帝早已被白花花的銀子打動了心，他對這些規勸根本聽不進去。耶律楚材並沒有放棄一線希望，他據理力爭，極力申辯，甚至動之以情，聲淚俱下，太宗非但不為所動，而且發起火來，他對耶律楚材怒吼著：「你是為百姓哭泣嗎？你是不是想造反呢！你退下，再不許多言。」群臣見太宗對耶律楚材如此動怒，知道耶律楚材已經失寵，便群起而攻之，本來平日對他早已不滿，現在多年的怨氣終於可以發洩了。耶律楚材嘆息著，無奈地退了下去。

撲買實行之後，耶律楚材苦心獨創、慘淡經營的事業，在剛剛見到成效之時，就相繼被破壞了。

西元一二四一年，太宗病逝，皇后乃馬真氏總攬朝政，她寵信奧都剌合蠻，冷落耶律楚材。政治上的失意，使他憤悶、抑鬱，兩年之後，年僅五十四歲的耶律楚材孤獨地與世長辭。他死後，有人誣告他為政期間，把國家收入的一半以上都據為己有。乃馬真氏派人搜查，結果，他家中除了數張名琴、數千卷古今名畫金石遺文之外，別無他物。

耶律楚材就這樣去了。他把自己的聰明才智都獻給了國家，獻給了在中原建立政權的蒙古國，獻給了那裡的人民，而從未為私利著想過。一次，有人建議他對族人和親屬適當地做些安排，以鞏固自己和本家族的地位。對此他不以為然，他說：「輕易給他們官職，表面上看是為他們著想，但他們如果不勝任，或者違犯了朝廷的法令，我又不能以公徇私，包庇姑息他們，那豈不是害了他們。」他就是這樣，嚴於律己，克己奉公。同時他勤奮好學，博覽群書。他雖然沒有給予子弟以功名利祿，但是，他的品格和學識卻給子孫留下了一筆豐厚而珍貴的財富。在他的影響和教育下，兒子耶律鑄自幼就聰明多才，能詩善文，頗為燕京的士人所推崇。後來在憲宗蒙哥、世祖忽必烈朝曾三度擔任宰相職務，為元朝的統一立下了不朽的功績。

耶律楚材在世，雖沒有幫助蒙古統治者完成統一全國的偉業，但是，他所初創的一切政治制度、法律法令，卻使蒙古國從奴隸制向封建社會邁進發揮了決定性作用。正是在此基礎上，才使得後來的忽必烈大汗有所作為。忽必烈改蒙古為元，並使元朝完成了全國性的統一，這固然與他本人的勵精圖治、勇於進取息息相關，但是，如果沒有蒙古政權初創之時，耶律楚材一系列政策的推出，這一切都是萬難做到的。耶律楚材制定的政策和制度都為忽必烈所用，並發揮了很好的效用，使元朝迅速強大起來。可以說，耶律楚材是蒙古初年實行文治的先行者，是元朝政治制度的奠基人。

# 人亡政息

繼耶律楚材在蒙古國實行改革之後，忽必烈繼往開來，他不但繼承了父兄的遺志，發揚武功，建立元朝，統一全國，而且還學習漢法，推崇儒學，改革蒙古國舊俗，鞏固了統一戰爭的勝利成果。元朝的統一大業，結束了自五代以來近三個世紀的分裂局面，為歷史發展做出了巨大貢獻。與此同時，它也是第一個統一全國的少數民族政權，表明了忽必烈所進行的漢化改革要比其他不同程度接受漢化改造的少數民族更加澈底、更為自覺，忽必烈建立了後趙石勒、前秦苻堅、北魏拓跋宏、遼朝耶律隆緒、金朝完顏雍等所沒有建立的業績。但是，元只存在不到百年就被推翻，繼之而起的是朱元璋建立的明朝。

明太祖朱元璋為鞏固在元朝廢墟上建立的大一統王朝，進行了強化君主專制集權政治的改革，使中國封建社會的中央集權制度發展到了高峰，與之相適應，朱元璋設立特務機構錦衣衛，嚴密監察，控制官吏，其結果是人人怵然，人人自危，發展到後來，吏治腐敗，它就成了官吏之間傾軋的工具，使明朝政治極其黑暗、殘酷。但不管怎麼說，明太祖廢除丞相，加強皇權，使明朝政權得到鞏固，同時進行了政治、經濟等一系列改革，為明朝持續二百七十多年的統治打下了十分堅實的基礎。

朱元璋的繼承者建文帝朱允炆、明成祖朱棣、仁宗朱高熾、宣宗朱瞻基還都能繼承祖業，發憤圖強，使這一政權持續穩定地發展著。特別是仁宣之時，出現了歷史上的「仁宣之治」。但是明成祖朱棣卻打破了朱元璋限制宦官干政的規定，只因他在起兵奪取建文帝皇位之時，得到了宦官的幫助，所以他開始重用宦官，與此同時，他設立新的特務機構東廠，專門由親信宦官統領，這樣，宦官的權勢急劇膨脹，為後來宦官涉政提供了條件，同時也為宮廷鬥爭的複雜化增加了新的內容。

中國封建社會發展到明朝，已進入它生存的後期，各種社會弊病日見突出，尤其以土地兼併問題最為嚴重。自從宣宗死後，英宗朱祁鎮即位，明朝的統治就開始走下坡路了。英宗胸無大志，昏庸無能，而這時明成祖朱棣重用宦官的隱患已明顯暴露出來，宦官權勢越來越大，他們跋扈難制，左右朝政，國家政治變得一片混亂，人民生活在水深火熱之中。到憲宗朱見深時，憲宗更是耽於享樂，不理朝政，與寵愛的萬貴妃日夜相伴，外戚萬通、萬喜等人仗勢橫行，宦官汪直、梁芳、陳喜、韋興等人極盡奉承巴結之能事，取得萬貴妃歡心，進而爭得憲宗寵信，他們把持朝政，結黨營私，操縱朝中重權。孝宗皇帝朱祐樘時，他整肅吏治，廣開言路，除弊興利，改良政治，使明朝政治得以中興，出現了十幾年較好的社會環境。但是，孝宗皇帝沒有解決社會的根本矛盾，不能扭轉封建社會江河日下的歷史趨勢，在他之後，武宗正德、世宗嘉靖年間，這個王朝已明顯露出趨於末世的徵兆。

武宗同憲宗一樣寵信宦官，當時最得勢的宦官是劉瑾，他慫恿武宗耽於遊樂，大肆揮霍，皇帝不朝，大權落在劉瑾手中。劉瑾進讒言打擊異己，使孝宗時的正直老臣如馬文升、劉大夏等人都被排擠，餘下的都是趨炎附勢、阿諛奉承之輩，這樣的統治集團使國家變得暗無天日。明世宗朱厚熜也就是嘉靖皇帝，崇信方術，企求長生不老，為此揮霍了大量資財，甚至還殘害數以千計的民間女子。他還重用奸佞之臣嚴嵩，直攪得朝野上下一片混亂，真是國將不國，大廈將傾了。

繼世宗之後的是穆宗朱載垕，他雖說不如世宗那麼無道和荒謬，但也醉心享樂，置國家大事於不顧。皇帝如此貪圖享樂，大權自然旁落，朝中大臣自然爭權奪利，互相傾軋。在這一嚴峻的政治鬥爭環境中，張居正，這位自幼就顯示出非凡才能的南郡奇童，以他的超常智慧和左右逢源的處事技巧，脫穎而出，當他千辛萬苦掌握了國家大權之後，便進行了一場轟轟烈烈的改革事業，使已經垂危的明王朝又出現了新的轉機，給人們帶來了新的希望。

明嘉靖十五年（西元一五三六年）某一天，荊州府知府李士翱夜裡做了一個夢，他夢見玉帝讓他把一個玉印交給一個童子。醒來後，他覺得此夢甚是奇怪，心裡盤算著，不解其意。第二天是科舉府試，身為知府，自然是主考官，他在應試的儒生之中，發現一個叫張白圭的十二歲學童非常出色，李士翱想，昨日夢中童子定是此學童了，於是他當即給張白圭改名為居正，其意在於期望他長大後能正道而行，成為棟樑之材。這就是張居正之名的由來。

張居正十二歲就中了秀才，簡直就是神童了，於是神童之名在荊州傳開了。張居正出身平民，他的父親張文明中秀才後曾七次參加省試，都以失敗而告終，兒子也就成了他唯一的希望。張居正果然不負眾望，十三歲，他就到湖廣省首府武昌參加鄉試（也就是省試），當時主考官很欣賞他的試卷，便主張錄取他，可是當徵求巡撫顧璘的意見時，顧璘卻說：「此童子很有天賦，如果讓他早登仕途也不是不可以，但如果這樣，他很可能會驕傲自滿，那樣的話，這棵奇偉之材就會過早枯萎，豈不是太可惜了。莫不如先讓他多些磨煉，待他更成熟些時，其成就會不可限量。」三年之後，張居正中了舉人，二十三歲時中進士，從此踏上了仕途之路。

張居正入仕的年代正是世宗嘉靖帝的中後期，當時嚴嵩當政。皇帝荒暴，首輔奸佞，張居正就是在這一歷史背景下入朝為官的。最初的官職是翰林院編修，參與修纂國史和官書。

張居正不滿於此，他面對朝廷弊病，本著為國效忠的宗旨，憑著初出茅廬時的銳氣，上呈〈論時政疏〉。此上疏指出了當時政治的五大弊病，句句切中時弊。他說五大病是：宗室驕恣，侵凌地方官民；不重視人才，官吏名不副實；吏治不健全，使官場十分腐敗；邊疆防備不力，邊患不止；財政用度太奢。張居正將奏疏遞上之後，由於皇帝久不上朝，奏疏落入嚴嵩之手。嚴嵩看著張居正的上疏，覺得奏疏中所提的時勢之病，似乎都是針對自己而來的，心裡十分不舒服，不由得對這個剛剛到任的翰林編修懷恨在心，一怒之下，將張居正的上疏扔到一旁。不過從奏疏上看，並沒有指名道姓地說嚴嵩什麼，而且張居正畢竟從進士而入翰林，有些資歷，又是剛剛到任，並沒有劣跡，所以嚴嵩還找不到張居正的什麼把柄。更重要的是，嚴嵩覺得，張居正只位於翰林學士之職，還夠不上對自己產生威脅，因此，嚴嵩對張居正沒有採取什麼打擊行動。

但是，對張居正來說，奏疏石沉大海，等於給自己潑上一盆冷水。無疑，朝廷並沒有變法圖強之心，他所指出的五病，是他所看到的，也是眾多賢士良臣都清醒認識到的時弊，可謂切中要害。其奏疏不被理睬，這對於初入仕的張居正來說，是一個深重的打擊，他那顆血氣方剛、銳意進取、志在有為的報國之心受到了深深的傷害！然而，這正是磨煉其意志的開始，此後不久張居正便充分表現出了他的政治才能。之所以這麼說，不僅僅是因為他對時弊的清醒認識，還在於沉默的張居正已學會了進退自若、屈張自如的本領。而這一點，是他從直言極諫的忠臣楊繼盛的教訓裡吸取而來。

在張居正二十九歲的時候，也就是他上疏後的第四年，與張居正同中進士的楊繼盛，在激烈的政治鬥爭中掌握住了機會脫穎而出，一年之內四遷，從山東諸城知縣一躍而成了兵部武選司。嚴嵩覺得，楊繼盛連續陞遷，一定會對自己感恩涕零，他萬萬沒有想到，楊繼盛到任一個月後，便列十大罪狀彈劾嚴嵩。他指出嚴嵩是怎樣結黨營私、無惡不作，同時又是怎樣地使陛下閉目塞聽。他在疏中也直指世宗：「陛下奈何愛一賊臣，而忍百萬蒼生陷於塗炭哉！」此疏一上，如投了一顆炸彈，立刻產生轟鳴。嚴嵩暴跳如雷，對楊繼盛恨得咬牙切齒。世宗皇帝也是怒髮衝冠，說皇帝重用賊臣，這不就是指責皇帝也是昏憒之輩嗎！最後的結局為：楊繼盛被廷杖一百，之後在刑部監獄關了三年，三年之後在一件跟他毫無關係的案子中被定死罪。

正直之人遭此劫難，使張居正清楚地看到了時局的黑暗，以及嚴嵩的當權誤國。張居正明白了，只要嚴嵩當政一天，朝政就難有改善之希望，自己的報國之志也就很難實現。

此時的北方動盪不安，韃靼時常南下，侵擾中原，燒殺掠奪，人民深受其苦。然而，嘉靖皇帝卻聽信嚴嵩老賊讒言，一味屈辱忍讓，並殘酷殺害了積極主張反擊韃靼的總督曾銑和大學士夏言。這使韃靼的俺答汗更加有恃無恐，西元一五五〇年八月，俺答汗率眾越過長城打到北京城下，嘉靖帝和首輔嚴嵩、大將軍仇鸞都束手無策，聽任他們大掠三天之後回歸塞外。不久，仇鸞以互通馬市為條件，向韃靼屈辱求和。所謂馬市，就是俺答每年給明朝若干匹馬，而明朝每年要向韃靼交若干布帛、粟豆等。從表面看，是互為通商，但實際上，朝廷是以生活必需品換取幾匹不能作戰的馬，換言之，就是以交納物品換取和平。即使這樣，韃靼也沒有忘記在和平的氛圍中，不斷進攻大同、懷仁等地。

張居正感到失望和苦悶，他為嚴嵩的專權而憤懣，他等待時機，等待嚴嵩倒台的那一天。與此同時，他也感到恐慌，自己已上過〈論時政疏〉，初露鋒芒，萬一哪一天嚴嵩感覺到自己的威脅，自己也會在劫難逃，到那時，性命都沒了，還提什麼報國之志。幾年的官場生涯，張居正已學會了如何明哲保身。在萬般無奈之下，他選擇了以靜待動之路，西元一五五四年，張居正告病回到了故鄉江陵，在家鄉美麗的水濱遙視朝廷動靜，等待著時機的到來。

回歸故鄉的三年，是張居正養精蓄銳的三年，這期間，他閒庭信步，作詩對賦，玩水遊山，表面上他的鄉居生活優哉樂哉，實際上，他的內心深處卻極不平靜。塞外不時傳來俺答繼續擾掠的警報，朝廷內嚴嵩繼續陷害忠良。由於國勢衰微，除北方韃靼侵擾之外，江南一帶，到處都有倭寇肆行，總督浙福南畿軍務張經和巡撫浙江副都御史李天寵積極備戰。而嘉靖皇帝卻聽信嚴嵩義子趙文華的建議，禱祀東海，寄希望於海神幫助鎮壓倭寇。趙文華憑著嚴嵩的勢力，得到皇帝寵信，他奉命南行，不是力懲倭寇，卻沿路騷擾，並上疏彈劾張經。張經、李天寵先後被捕入獄，二人與楊繼盛同時棄世。一個個壞消息從京城北京接踵而來，使居江陵的張居正坐臥難寧。楊繼盛等人遇難的噩耗傳來，他感到痛心疾首，朝廷的黑暗統治使他感到十分壓抑。其實，他所居住的江陵也不是什麼世外桃源，同樣是官府弊端叢生，地主豪強大肆兼併土地，農民陷入水深火熱之中。從中央到地方，一切跡象都表明大明王朝的根基已在動搖，整座大廈已搖搖欲墜了。張居正再也沉默不住了，他決心用自己畢生的精力獻身政治，改革弊政，以挽救這個危在旦夕的王朝。他在給友人的詩中滿懷激情地寫道：「欲騁萬里途，中途安可留？各勉日新志，毋貽白首羞！」表達了他為了不使自己終生遺憾，將要毅然走出田園，重新回到政治的漩渦中，去報效祖國的決心。他扔下親情，告別了家鄉，奔赴北京。臨行前，他為父親留下了一首〈割股行〉：

割股割股，兒心何急！捐軀代親尚可為，一寸之膚安足惜？膚裂尚可全，父命難再延，拔刀仰天肝膽碎，白日慘慘風悲酸。吁嗟殘形，似非中道，苦心烈行亦足憐。我願移此心，事君如事親，臨危憂困不愛死，忠孝萬古多芳聲。

張居正懷著報國拯危的信念，回到了他別了三年的北京，回到了他所熱衷的政治舞台上。

此時的北京充滿陰霾，嚴嵩父子仍是大權在握，無惡不作，邊境時常告急，一切還都依然如故。張居正對友人表露心跡，他說此時的社會非得磊落奇偉之士，打破常規，掃除障礙，不足以弭天下之患。他是以奇偉之士自許的，但在當時的形勢下，張居正對嚴嵩父子也只能是一味地恭維，以靜待時機。

在當時，與嚴嵩作激烈鬥爭的主要人物是徐階。徐階是禮部尚書，他早已不滿於嚴嵩的黑暗統治，不滿於嘉靖皇帝寵信嚴嵩、不理朝政。多年的政治生涯，使他極為老練，但在具體事宜上卻據理力爭。嘉靖二十九年，俺答進犯，北京告急，大將軍仇鸞不敢開戰，便派人和俺答接洽，只要不攻城，什麼條件都可以答應，於是俺答要求入貢。世宗為此召集嚴嵩、李本和徐階商討對策。嚴嵩說：「這是一群餓賊，請皇上不用操心。」徐階卻鄭重地說：「韃靼軍隊一直打到北京城外，殺人像切草一樣，這就不僅僅是餓賊了。」徐階又說：「敵人已經到了近郊，要開戰守城，卻沒有任何準備，目前唯一的出路是議和，但是惟恐他們貪得無厭，所以這是關鍵。」最後皇上採納了徐階的建議，要求韃靼退兵，然後滿足其求貢之請，以此作為緩兵之計。徐階就是這樣，在處理問題時有剛有柔，既表現了他的政治才幹，又使嚴嵩無懈可擊。

徐階與張居正有著極為親密的友誼，在張居正入進士後任庶吉士時，當時的徐階任翰林院學士，從翰林院的名義上，徐階是張居正的老師，師生之誼使他們彼此親近，更重要的是，他們的政治立場是相同的。而如今，面對嚴嵩的專權，他們都只好隱忍著，等待著。

徐階和張居正苦苦等待的機會終於來了。

嘉靖四十年以後，嚴嵩已年過八十，人老智昏，他再也不能像過去那樣心領神會地迎合皇上旨意，皇上對他漸漸疏遠起來。恰在這時御史鄒應龍彈劾嚴嵩父子禍國殃民、貪贓枉法的嚴重罪行，徐階對此積極支持，最後終於在激烈的政治鬥爭中，徐階戰勝了嚴嵩。嘉靖四十一年的五月，嚴嵩被罷官，兒子嚴世蕃被捕，三年後被處死。

嚴嵩倒台，張居正興奮不已，多年被壓抑的心情終於晴朗起來。他有詩句「佳辰已是中秋近，萬里清光自遠天」，表達了他那豁然開朗的心情。

嚴嵩倒台了，徐階升為首輔，然而明朝的政治卻絲毫沒有改善。這不是徐階的無能，而是嘉靖皇帝昏憒已極。嘉靖晚年疾病纏身，終日迷戀煉丹之術，對國事已毫無進取之心。當時有名的清官海瑞曾經痛罵過嘉靖皇帝，他說：「嘉靖『就是家淨，家家窮得乾乾淨淨，沒有錢用』。」海瑞在嘉靖四十五年的二月，將後事都料理完了之後，上了治安疏，向皇帝提出質問，旨在要求改革。他在疏中說：「現在嚴嵩雖然罷相了，但是朝廷還沒有什麼改革，你一心只知修道，企圖長生不老，你可知道，你的老師陶仲文教你長生之法，可是他已經死了。你看堯、舜、禹、湯、文王、武王哪個活到了現在？要知道修道沒有什麼好處，應該立即醒悟過來，每天上朝，研究國計民生，痛改幾十年的錯誤，為人民謀些福利。」海瑞還大膽地指出：「目前的問題就是君道不正，臣職不明，這是天下第一件大事。」世宗看了奏疏之後，鼻子都快氣歪了，便立刻逮捕了海瑞。此時的首輔徐階仍然是不動聲色，他太熟悉世宗皇帝了，皇帝一世的昏庸，怎麼可能一夜之間就變得賢明起來呢！他把所有的希望都寄託在下一個皇帝身上，所以他接替了嚴嵩的位置，整天為皇帝寫青詞（青詞就是寫給天神的信），徐階以此保全著自己的首輔職權。

嘉靖四十五年的十二月（西元一五六七年一月），在位四十五年之久、年近六十歲的明世宗嘉靖皇帝服丹中毒而死，兒子朱載垕即位，即穆宗皇帝。皇帝死了之後，第一件事就是發表遺詔。久負眾望的大臣，常常能借此機會，把前朝的一切弊政以遺詔的名義加以革除，在政治上，遺詔往往發揮著重大的作用。徐階早就等待著這一時刻的到來，他立刻找到還並非內閣成員的張居正商量，起草遺詔，宣布：嘉靖帝生前進行的大興土木、採擇珠寶、營辦織造等勞民傷財之舉一律停止，並將因直諫等被錯殺錯罰的諸臣，加以昭雪或復官。這是一個很得人心的遺詔，徐階因此威望大增。

新的皇帝穆宗，因為早在當裕王時，嘉靖皇帝曾想另立儲君，是徐階的百般勸解才免於此舉，因而他對徐階有感恩之念，於是乎，徐階才敢放開手腳，大膽起用有才華的青年張居正。張居正也因曾是穆宗的老師而得以青雲直上，西元一五六七年二月，他升為吏部左侍郎兼東閣大學士，成了執政的閣臣。二十年的夙願終於實現，他終於入閣了。

起初，明朝開國皇帝朱元璋廢除丞相之後，他因政務過於繁忙，窮於應付，不得不找了幾個助手，分別擔任華蓋殿、武英殿、文淵閣、東閣等殿閣大學士的職務，協助他批閱奏章，但卻不給他們任何權力。在他死後，這一設置便成了一個常設機構即內閣，而且權力越來越大，到明孝宗時取代吏部尚書的地位而成了百官班首。大臣初入閣者多為東閣大學士，其後逐次進文淵閣、武英殿、文華殿、建極殿、中極殿大學士，首席大學士就是首輔，是最高權臣。張居正入閣，主要是仰仗徐階的賞識和器重。按理說，徐階、張居正掌權，他們都主張變法圖強，明朝的政治該有好轉，但是，由於穆宗皇帝也是平庸無能之輩，當徐階一再勸阻他少些遊宴作樂，特別是太監進讒言之後，漸漸地對徐階冷淡起來。內閣中的高拱，在爭權奪利的鬥爭中取得了穆宗的信任，戰勝了徐階。在內閣紛爭中，張居正沒有站在老師一邊，為了保全他的政治地位，也為了實現他的報國夙願，此時的張居正顯得有些不近人情了。

張居正的苦心終於有了報答。西元一五七二年的五月，穆宗病逝，十歲的太子朱翊鈞即位，是為神宗，即萬曆皇帝。高拱、張居正、高儀三人以顧命大臣的身分輔佐神宗皇帝。

在多年的政治鬥爭過程中，張居正已學會了如何運用權術，以及如何戰勝他的敵人。高拱的地位在張居正之上，自然是張居正的一個障礙。神宗即位後，張居正看到李貴妃（神宗的生母）是左右神宗的關鍵人物，便極力取得李貴妃的好感。神宗即位，尊嫡母陳皇后和生母李貴妃為太后，按照規矩，后尊妃卑，她們在徽號上要有所區別。而張居正在處理此事時，卻摒棄舊規，尊陳皇后為仁聖皇太后，李皇后為慈聖皇太后，她們都加了兩個字的徽號，以示並尊。此舉使李太后大為感激，從此，對張居正十分信賴。太監馮保在穆宗死後，取得了兩位太后的信賴，藉口遺詔，掌握了掌印太監之職，張居正將其拉攏過來。馮保站在了張居正這邊，他將高拱在穆宗死後哭訴中說的「十歲的太子，怎樣治天下」以表自己責任重大的話，加油添醋地進行歪曲，最後終於使皇帝傳下諭旨，令高拱回原籍閒住。首輔高拱被逐出京城，次輔張居正循例成為首輔。不久，高儀病死，張居正就成了唯一的顧命大臣，他的政治地位終於得以鞏固了。

高拱的失敗，教育了張居正：要鞏固首輔地位、確保內閣的行政權力，必須得到後宮和內廷的支持。他懂得如何敷衍和遷就，與此同時，他又懂得如何對他們進行嚴格限制。這就是張居正的高明之處，也是他施展政治才華的必要保障。一切就緒之後，張居正開始大展宏圖了。

穆宗隆慶二年（西元一五六八年），張居正曾上呈〈陳六事疏〉，提出了省議論、振紀綱、重詔令、核名實、固邦本和飭武備六項施政主張。這是後來張居正改革的基本綱領，但在穆宗一朝，並沒有引起朝廷的重視。如今張居正大權在握，可以實施他的改革方案了。張居正的改革與眾不同，為了減少阻力，他是打著「惟在遵守祖宗舊制，不必紛紛更改」的旗號進行改革的。

西元一五七二年六月十九日早晨，神宗皇帝第一次召見張居正。十歲的小皇帝對張居正說：「先生為建父皇陵寢辛苦受熱。國家事重，凡事請先生盡心輔佐。」張居正連忙說道：「臣受先帝厚恩，承顧命之托，怎敢不竭才盡忠，以報君恩。方今國家當務之急，是要遵守祖宗舊制，不必紛紛更改。至於說陛下刻苦學習，親近賢臣，愛護百姓，節約費用，這都是君道所必備的首要職責，請聖上留意就是。」神宗皇帝連連點頭稱是。君臣首次相見便達成了默契，張居正苦苦等待支持自己事業的君主終於出現了。

神宗皇帝雖然只有十歲，但他卻自幼聰明好學。五歲的時候便已經讀書了，這在明代皇帝不甚注意皇子教育的情形之下，是一個特例。不但生母李貴妃喜歡他，就是穆宗和陳皇后也都對他倍加疼愛。當時陳皇后因為多病，住在別宮裡，每天早晨，李貴妃都帶著太子，到皇后宮中請安，皇后每聽到小靴子在階道上橐、橐、橐，便連忙起來，她自己沒有兒子，但是看見這樣聰明的孩子，也實在高興。皇后把經書取出來，一句一句地問他，太子都對答如流，皇后更加歡欣，視太子如己出。聰明的神宗即位後，除了聽從太后的話以外，再就是依靠父親臨死前託付的顧命大臣了。而這時的顧命大臣中只有張居正忠實可靠，又深得太后及內廷信賴，由此而來，神宗對張居正言聽計從，這一切都為張居正變法圖強創造了良好的條件。

要拯救這個岌岌可危的王朝，從哪裡入手呢？張居正深思熟慮之後，認為首要的癥結是紀綱不振。吏治腐敗，各級官府有令不行，互相推諉，因循疲沓。公文從京師出來，下發到各地，便都成了各個衙門口裡的檔案，銷聲匿跡了，這就是神宗時期明朝的政治。而且各個機構分工不明，權力級別關係也並不清晰，當時內閣首席大學士即首輔雖在名義上是級別最高的權臣，但是各部官吏及宦官仍對朝政起重要的干涉作用。明朝前期，吏部尚書的職權要遠遠超出內閣，而在紀綱不振、法度不行的年代，吏部成了傾軋朝臣、閣員權力鬥爭的工具。針對這一系列問題，張居正提出了整頓吏治、整振朝綱的考成法。

萬曆元年（西元一五七三年），他在上〈請稽查章奏隨事考成以修實政疏〉中說：「蓋天下之事，並不難於立法，而難於法之必行；不難於聽言，而難於言之必效。」正是為了監督政令的執行，讓各機構都能明確職守，他提出了考成法。考成法要求吏、戶、禮、兵、刑、工六部在下發各種文書之前，拿出三本賬簿，一本做底冊，自己保留；一本送到監察六部的六科，由各科查核執行情況，實行一件，註銷一件，如發現沒有按規定執行的就糾舉上奏；一本送到內閣稽核，如發現六科所報有不實之情，則加以議處。這樣做的目的是要改變長期以來官府有令不行、行之無效的頹廢局面，有令必行，行之必果。

張居正的吏治改革可以說是有史以來最為澈底的一次，他同歷史上許多改革家一樣，精簡機構，裁汰冗員，嚴肅法紀，賞罰分明。張居正改革的澈底性還在於從機構上加以層層牽制，即不是針對某一個官吏的為官是否清廉、才能是否卓著，而是在制度上增強官吏機構的政府職能，保證整個官吏體系的健全發展。此外，考成法規定，以六部督轄地方官，再由六科監督六部，而最後的稽查六科權則集中到內閣，這使原來作為皇帝顧問班子的內閣終於演變成了能領導六部的最高權力機構。內閣權力的擴大，就是對張居正執政權力的肯定，從而更有利於張居正改革的實施。

張居正打出的旗號是祖宗之法不必紛紛更張，然而，他的行動告訴人們，他是在變革！本來朝中有許多大臣並不滿意於嘉靖以來的混亂局面，他們也想重新找回太祖朱元璋時的宏威，所以他們把希望寄託在張居正恢復祖宗之法上。但萬沒想到張居正實質是在變更祖宗之法，這使一些人立刻產生了抗拒心理。

萬曆四年（西元一五七三年）某一天，御史劉台上疏，他說：「張居正制定考成，使內閣的權限列於六部六科之上。而按太祖制度，原來的六部分理國事，六科之臣對其進行考核，這都是他們分內的事，內閣只備皇帝顧問而已。張居正創立考成法，其意欲是企圖脅制科臣，使之拱手聽令，難道祖宗之法是這樣的嗎？太祖已廢除了丞相，而張居正是以丞相自處，使自己作威作福，目無朝廷，這難道是恢復祖宗之制嗎？還請陛下抑損張居正權力，以免滯事誤國。」

張居正早就知道變法會遇到阻力。變法之初，他就曾說過：「天下之勢最怕個成字，如果是治制之勢已成，即使想使它變亂也難；反之，如果亂勢已成，欲變成治勢更難。」嘉靖、隆慶以來，積弱之勢已成，張居正早已做好了應付困難的準備：「我棄家忘身，為國事鞠躬盡瘁，一時的名譽之毀我並不在乎，即使是後人如何評價我都並不計較。」然而，劉台的彈劾卻使他太意外了，因為劉台是他的學生，這深深地刺痛了張居正。他十分傷心地對神宗說：「二百年來還沒有發生過學生彈劾老師的，如今此事發生在臣的頭上，臣真是無地自容，只好一走了之了。」說完，他跪在神宗面前，不覺淚水直流。十四歲的神宗連忙下殿扶起張居正，深情地說：「先帝將朕付託給先生，您怎能離去呢。先生盡忠輔佐朕，不辭辛勞，不圖功利，蒼天、祖宗盡知。請先生不必多慮，朕廷杖劉台便是。」張居正聽皇上這麼一說，將淚止住，向皇上謝恩。於是神宗立刻下旨要對劉台施以廷杖。廷杖是明太祖定下的懲處朝臣的一種酷刑，即用大杖毒打，非死則傷。張居正考慮到如對劉台施以如此酷刑，對自己的影響並不好，便奏請神宗批准，從輕改判，將劉台革職為民。

張居正賞罰分明，嚴肅法紀。當時京城有個黔國公沐朝弼，此人屢次犯法，作惡多端，擅殺無辜，百姓對他恨之入骨，然而又非常懼怕他，敢怒不敢言。張居正把他抓了起來，將之廢為平民，並押往南京禁錮。除掉沐朝弼這一惡霸，真可謂是大快人心，百姓無不拍手稱快。

驛站混亂是不治之朝的通病，明中後期也是如此。官吏無論公私之事，都要利用驛站，役使百姓，百般勒索。張居正將整頓驛遞作為嚴肅法紀的一個重要方面，他重申官員只有得到勘合，執行公務，才可利用驛道。同時，在馬匹、民夫和食宿供應上也有種種限制。這無疑限制了官僚們的特權，是一件安民利國的好事。制度制定之後，張居正執法非常嚴格，就連他的兒子、弟弟出門都是自己僱車而行。一次他家僕人依仗權勢擅自向驛站索取官馬，被張居正送到錦衣衛，重責百杖，並遣回原籍。張居正以身作則，嚴守法令，以至於萬曆八年（西元一五八〇年）神宗派皇親上武當山祈神賜子，都沒有使用驛站。

但是，對驛站的整紀直接觸犯官僚的切身利益，他們享受慣了的特權一下子被取消了，這使他們感到很不舒服。於是有人對新法置若罔聞，拒不執行，有人甚至公開反對。一次，南京兵部主事趙世卿上疏，要求放鬆驛傳之禁。神宗找來張居正，與他商量，問他趙世卿的建議是否可以考慮。張居正語重心長地對神宗說道：「近年來驛遞困弊至極，官吏有令不止，任意運用驛遞，實在擾民至甚。今加以整頓，凡是無勘合的，一律不許使用驛道，這只是恢復了祖宗的舊規，以防擾民之舉。臣每每想起本朝建國時的規模，其章程法度，盡善盡美，遠遠盛過漢、唐制度，至於說宋的懦弱被人牽制，更無法與我朝相比。臣由此覺得從制度上不必紛紛更改，只要能遵循太祖之制，從安民的意願出發，就可以固本安國了。臣受事以來，兢兢業業，忙於政務，鋤強戮凶，剔奸釐弊，有時不得已運用武力加以控制，這都是為了安民而已。而奸人因為侵犯他們的特權，所以便說時政太苛刻，以此來蠱惑眾聽，這些都是為了他們自身利益著想，而不顧國家大局。臣的良苦用心，請陛下明查。」張居正的話是再明白不過了，他的目的就是為了恢復太祖祖制，利國安民，所以，不軌之人一定會對此不滿。神宗還能說什麼呢，他連忙安慰張居正：「請先生不必多慮，一切就依先生便是。」在皇帝的大力支持下，張居正更加態度堅決地行使法律的尊嚴。以後無論地位多高，身分多特殊，如果違反了使用驛站的法律，都毫不容情，給予處罰。經過張居正吏治改革、嚴肅法紀之後，官場作風明顯好轉了。

張居正的最終目的是要富國強兵。當時國匱民窮，經濟凋零，豪強權勢兼併土地，隱報占田數目，使賦役制度完全破壞了，致使國庫空虛，國用不足，軍用匱乏，邊境危機自始至終也沒有解決，北方的韃靼雖以封貢為條件暫時停止了進攻，但並不意味著有永久的和平。解決重重危機的唯一辦法就是富國強兵，富國的唯一出路就是在經濟領域裡大規模實行改革。賦役是封建國家最根本的經濟制度，在國家經濟衰竭，賦役廢弛的情況下，張居正採納了地方上一些有為地方官為發展一方經濟而探索出的一條鞭法，在全國範圍內推行。

所謂一條鞭法，就是把原來按土地和人丁分別徵收的賦稅和斂派的徭役合併為一，無論稅糧，還是差役，都一律改為征銀，差役由政府僱人充當，把差役轉移到地畝之中，使一部分無地或少地農民，多少減輕一些丁役負擔。這一度地而稅的賦稅制度，使國家在不加賦的情況下，而增加賦稅，同時又抑制兼併，減輕貧民的負擔，是一項利國利民的措施。而這一新賦稅方式能否切實貫徹，其關鍵就在於對土地的核實與清查。一條鞭法實行之前的萬曆九年（西元一五八一年），一場長達三年之久、轟轟烈烈的清丈土地工作在全國範圍內展開了。

清丈土地，就是調查戶口、田地，凡是農田、牧場以及廢地等等都要從實丈量。其目的就是使廣占民田的豪紳列強也來承擔國家的賦役負擔，從而在一定程度上限制貧富不均、負擔不平的現象，並達到增加國家稅收之目的。

由於清丈土地觸犯了大土地所有者的利益，所以，清丈的詔諭一發布，王公貴族們便一下子憤怒起來，京城的街頭巷尾，到處是他們不滿的叫囂聲。官員們紛紛上疏加以反對。宗室鎮國中尉廷墣、奉國將軍俊槸上疏反對清丈，他說：「張居正以丈量土地為名，行苛稅搜刮民財之實，實在是掊克之舉。請陛下早日罷之。」上疏皇上的同時，他們還在實際中堅決抵制清丈他們的土地。

面對如此強大的抵抗勢力，張居正沒有退卻，他面奏皇上，重申清丈之由，並對年僅十六歲的神宗皇帝講明，清丈土地、實行新的賦稅制度，關係到富國強兵這一大事，對於國家來說是至關重要的。神宗對張居正已言聽計從，他當即下詔廢俊槸為庶人，削奪其族人宗祿。同時下令：「各地巡撫負責丈田均糧，如果有違背阻撓的，不分宗室、官宦、軍民，都要依法重處。」皇帝的支持，保障了清丈工作的順利進行。張居正通過考成法督促地方官依法清丈，違法者嚴懲不貸。嘉知縣張一心上報的清丈數字是以舊額假充的，被發現後，受到了降級處分；河南上報的數目也與舊額完全相等，給巡撫褚鐵和巡按趙楫停俸處罰。有的地方官看到清丈條例中，對於田地有分列上、中、下等的規定，就索性一律填報下田，這些都被加以懲處。

張居正以身作則，他讓兒子清查自己家的田產，查出隱占田賦五百餘石，向官府作了如實匯報。

衝破重重阻力，張居正的事業終於獲得了成功。本已混濁的官場政治變得清明起來，凋零衰竭的經濟又重新走上了正軌。在張居正輔政的十年裡，國庫餘銀二千萬兩，這是一個不小的數字，可供政府使用十年。如此的成績僅僅是十年之功，而且起步於一個入不敷出的困窘局面，這不能不說是張居正的卓著所為。與此同時，軍備也充實了，邊境危機也得以緩解。

然而，張居正以維護祖宗之法為招牌的改革，自始至終也沒有離開反對勢力的抵抗。在他執政之初，一些只會高談闊論的人便公然說道：「我們以為張公在朝，當行帝王之道。現在看他的議論，不過是富國強兵，僅僅如此，真是太令人失望了。」面對這些人，張居正啼笑皆非，在國貧兵弱的條件下，首要的問題就是務實求富求強，帝王之道，只能是虛談。對於這般迂腐之人，張居正不屑與之爭辯，只是笑了笑說道：「這真是太抬舉我了，我怎麼有能力使國富兵強呀！」張居正確實是講究實幹精神，反對清談，所以嚴格科舉，打擊學政，雖說這有些矯枉過正，但也可見他的良苦用心。事實上，他也感覺到了困難的巨大，面對如此積弊日甚，惰性成習的官僚集團，僅僅憑藉手中的權力，能奏效嗎？很快便證明，他的這種擔心並不是多餘的，隨著改革的深入，守舊集團反對變法、反對張居正的氣焰越加囂張。萬曆五年（西元一五七七年）的奪情之爭，成了反對張居正的焦點。

西元一五七七年九月十三日，張居正七十四歲的父親張文明在老家江陵去世了。這個不幸的消息使張居正悲痛萬分，十九年沒看到親生父親，這些年來，自己在外疲於奔命，無暇去看望家鄉的老父親，然而現在卻永遠也看不到了，這怎能不使他傷心呢？然而隨著父親的去世，大麻煩卻來了。按照儒家禮制，小孩子在出生以後的三年中，全靠父母愛護，因此在父母身死以後，應當守制三年，為官的至少也要守制二十七個月，叫丁憂，以報父母之恩。但對於此時的張居正來說，他很難做到守制二十七個月，更不用說三年。張居正當國五年三個月的時間裡，整個國家安定了，政治上了軌道，經濟有了發展，邊疆也和平了，大明王朝，已經從困頓的狀態中解放出來，成了富強的國家。這一切都是誰的功勞？張居正心裡清清楚楚。自己如果走了，國家交付給誰呢？內閣中呂調陽忠厚老實，但沒有大的抱負；張四維雖有些才氣，但資歷太差；慈聖太后雖然賢明善良、教子有方，但她並無治國之才；馮保更不用說，如果讓他執政，不弄個馬仰車覆才怪呢。張居正自己雖然和馮保交情甚篤，但那是在利用他，得到他的支持，同時也借他之威風來壓制其他內監。神宗皇帝只有十五歲，還是個孩子，他怎麼能夠負擔起這個國家呀！但在宗法社會裡，守制之請是不可少的，於是張居正上疏請求回原籍守制。而正如他所預料的一樣，神宗皇帝很快便下旨，不許守制。

此時的神宗，根本無法離開居正的輔佐。雖然他已年滿十五歲，大婚在即；雖然張居正對他的要求過於嚴格，以至於使他或多或少地產生了逆反心理；雖然在帝師張居正的嚴厲教導下，他也學會了一些太祖批閱奏章的方式，瞭解了一些民間疾苦，掌握了一些明君之政。

但是母后的動輒罰跪，以及常常勸告的「聽先生教誨」使他意識到，自己還是個沒長大的孩子，正如離不開母親一樣，也離不開老師，他沒有勇氣接受張居正的離開，他對張居正太依賴了。更主要的是張居正的政績，誰能保證，張居正離開後，明朝不會重新回到困頓中去！於是，神宗對張居正挽留說：「卿篤孝至情，朕十分感動，只是皇考將朕托屬給卿，卿盡心輔導，迄今海內安定，蠻貊率服，朕自知年幼，對卿深切依賴，頃刻離卿不得，怎能等待三年？還是請卿身繫社稷安危，強抑哀情，以不負我皇考委託之重。」張居正見神宗態度如此誠懇，內心十分感動，他說：「今臣處在君臣、父子兩倫不能並盡之時，而父制當守，君父尤重，臣怎敢不仔細分析、酌其輕重呢？」

事實上，張居正也不情願離去！他從二十三歲中進士以後，經歷了三十一年的苦苦奮鬥，才取得現在的政治地位。而他一旦走開，這一寶座自然歸為他人所有。

按照明朝制度，首輔離開三天以後，次輔便把座位從內閣的右邊搬到左邊，翰林院的後輩和內閣僚屬都要穿紅袍前來道賀。此時的張居正因父親病逝的緣故，正在悲傷、猶豫，已經三天沒上朝了。到第四天早上，大家以為張居正一定為守製做準備呢，以後也不會回來了，於是便都穿起了紅袍向次輔呂調陽道賀，呂調陽雖然是個老實人，沒有把座位移到左邊，但也接受了道賀。這事使張居正非常震驚，自己還沒有去位呢，人情已經變了，將來如果當真離開了，那還了得嗎！種種理由促使張居正決定，在京辭俸守制。在君臣達成一致意見之後，張居正在喪期照舊任職。

奪情之舉立刻引起那些反對張居正變法之人、那些封建禮教衛道士們的強烈反對，一場奪情風波嘩然而起。

宋堯俞是張居正的門客，當他知道張居正奪情之後，致書給張居正，他說：「自萬曆元年以來，政治清明，邊疆安寧，先生功業永不可沒，如果能繼續留任，自然是天下蒼生甚幸。然而守制乃是綱常名教所定，如不守制則會被人指責為熱衷權勢而不守禮儀。希望先生帶頭遵守綱常名教，為萬世師表，這樣功成身退，以求萬世之名。」張居正的好友、薊鎮總兵戚繼光也致書張居正，建議守制，並提出請回徐階擔任首輔。他說：「徐階年事已高，不會長久在位，先生服喪期滿以後，仍可擔任首輔之職。」戚繼光的建議頗使張居正動心，他感激戚繼光、宋堯俞對自己的愛護，但他認為，徐階太老了，已經精力衰竭，不能擔當重任了，而自己的奪情之舉，是為了國家，不是為了自己，如果他的改革能繼續下去，可以事半功倍，否則將前功盡棄。

奪情成了定局之後，便激起了相當一大批士大夫的不滿。最初皇上聖旨發到吏部，示意吏部尚書上疏慰留張居正，並辦理奪情。吏部尚書張瀚和左侍郎何維柏商量，何維柏說：

「丁憂守制，這是天經地義的事，是遷就不得的。」於是張瀚在心裡有了主意，吏部司官們請他復奏，張瀚裝糊塗，他說：「大學士奔喪，本來是應該加恩的，這是禮部的事，和吏部沒有什麼關係。」張瀚用這種方式表達了他的不滿。皇帝奪情的詔書屢次下發，張瀚拒不合作，他認為，如果同意此奪情之舉，「從此以後，綱常就掃地了」。皇帝為此勒令張瀚致仕，罰何維柏停俸三個月。

對張瀚的處罰，如同火上澆油，更加激起反對派憤怒的情緒。在這些飽受儒學熏陶的士大夫心目中，綱常名教是立國之本，綱常之中又以孝道為首，他們聲稱：國無孝道不可以為國，家無孝道不可以為家，人無孝道與禽獸無異，中華無孝道則與夷狄無異。張居正平素經常談到聖賢之道，祖宗法度，他們覺得，張居正言行不一，不守孝道，違背綱常，必將給國家帶來災難。恰在這一年的十月，天空中出現了一顆彗星，出現彗星在封建社會裡一直被視為是天上降災的標誌。神宗連忙下詔修省。反對張居正的人也立刻發難，認為天降災難是由於張居正的奪情所致。於是反對張居正的呼聲又如洶湧的浪潮一浪高過一浪。

接著，翰林院編修、張居正的學生吳中行上〈論奪情疏〉。他說：「臣覺得張居正十九年未見其父，父亡而不能親自辦理喪事，是違背人之常情，不守制更是違背了聖賢之訓和祖宗法度。此事關繫著萬古綱常，四方視聽，還請張居正回鄉守制。」張居正的另一個門生、翰林院檢討趙用賢也上疏反對奪情。他說：「臣感到奇怪，張居正能以君臣之義而效忠陛下數年，卻不能以父子之情盡孝一日。張居正多年積起的勳望，請陛下不要敗之一旦。」

吳中行、趙用賢都是張居正的門生，並不希望他就此下台，而只希望他不僅能做立不世之功的能臣，更要做萬民萬世的楷模。他們在反對張居正的同時，也給張居正留了許多面子。而刑部員外郎艾穆、主事沈思孝的〈諫張居正奪情疏〉就不留絲毫情面了。他們說：「陛下常說為社稷故而留張居正。那麼社稷最為重要的就是綱常，而元輔大臣是綱常的表率呀，如果綱常敗壞，還談什麼國家社稷之安呢？張居正位極人臣，反倒不守平常百姓之節，將來何以對天下後世？臣懇請陛下讓張居正奔喪守制，以全大節。」

士大夫們的攻擊，使張居正十分惱火，神宗皇帝也覺得這些人太不識大體，於是便決定以廷杖之刑處分他們。這一消息傳出之後，禮部尚書馬自強以及翰林院的許多官員紛紛出面援助，他們向張居正求情，盛怒之下的張居正表示愛莫能助。結果，吳中行、趙用賢受廷杖六十後被除名，艾穆、沈思孝受廷杖八十後被充軍。

處罰了吳中行等人之後，朝野上下議論紛紛，形勢對張居正十分不利。神宗皇帝為了穩定人心，於廷杖吳中行等人後的第二天下詔說：「朕身為君主，有權決定大臣的進退予奪，元輔肩負著天下之重，豈容一日去朕左右？且綱常人倫以君臣為大，恪守君臣之義也就是恪守綱常。而那些群奸小人，忌妒元輔忠正，於是便以綱常之說，試圖排擠元輔，使朕閉目塞聽於上，他們方可任意恣行，這才是悖逆不道，傾危社稷，真正大傷朕心。從此以後，如再有黨奸懷邪，欺君罔上，必嚴懲不貸。」神宗皇帝把奪情的責任全都攬在自己身上，以保全張居正。這樣，一些善於明哲保身的官吏就不再敢公開反對了。

然而，年輕的刑部觀政進士鄒元標仍然上疏反對。他不但對奪情之事進行攻擊，而且還指責了張居正的改革，並對其人身進行誹謗。他說：「陛下以為張居正是有利社稷的嗎？張居正雖有一些才志，但在施政過程中剛愎自用，他削減生員，斷刑苛刻，阻塞言路，實在是乖張之舉。臣觀張居正之疏中有這樣一句話：『世有非常之人，然後辦非常之事。』如果說奔喪是平常之事而不屑為之，豈不知只有盡此五常之道然後才能稱其為人。現在竟有人連父親生時不照顧，父親死了卻不奔喪，還堂而皇之地稱什麼『我是非常之人』。更為可悲的是，世人竟也不把喪心之人當做禽獸，卻也稱其為非常之人，豈不悲哉！」

鄒元標抓住改革過程中出現的一些弊病而對張居正進行否定，又借奪情一事對其人身進行攻擊，這實在有些太過了。張居正的改革如果沒有一點毛病，那也是不切實際的，因為沒有任何事物完美無缺。如果張居正對官吏不是要求嚴格，「斷刑苛刻」，以法律衡量官員，就無法使改革進行下去，而這正是張居正的明智之舉。然而，到了後期，尤其是奪情之爭過後，張居正開始大搞京察，打擊了一大批並非完全出於惡意的反對奪情者，提拔一些奸佞小人，如吏部侍郎王篆等人只因贊成奪情便青雲直上。從此，在張居正周圍形成了一個依附於張居正的親信集團，這不但影響了他的個人威望，同時也危及改革的順利進行，使一些贊同改革的正直大臣，不願與他合作。當然這些都是後話。

鄒元標說張居正削減生員，阻塞言路，這是針對張居正學政改革而發的議論。張居正面對明朝後期官學生員大增，素質卻在下降的實際情況，核減生員入學名額，嚴格考試制度，有的州縣只能選錄一名生員，對已入學的生員也要時常嚴加考核，被地方送來的生員，如果京考不合格者超過五名，則該省學政就要受到降官他調的處分。這種十分嚴格甚至苛刻的考試制度，使許多人斷絕了當時最受重視的以學入仕途徑，這些人當然不滿於張居正。明代後期，心學的發展，使清談之風盛行，士人往往以書院為名聚黨空談，張居正對此十分反感，他主張學以致用，士人應以古代聖賢之書為治國安民、立身處世之用。他反對空談，由此引發了禁毀天下書院的做法。張居正的務實精神是好的，但他企圖以強制手段來消弭思想界的派別鬥爭，這非但做不到，相反地，禁止了民間講學，倒摧毀了思想界的生機。

鄒元標對張居正不能公允評價，同時以愚儒之見對張居正大肆攻擊，使張居正異常氣憤，只見他臉色鐵青，嘴唇發紫，用顫抖的手指著鄒元標，卻一句話也說不出來，撲通一聲癱倒在大殿之上。神宗嚇壞了，他唯恐張居正有個一差二錯，幸好張居正沒出什麼危險，只是憤怒過度，一時刺激使之啞然。神宗皇帝連忙降旨，杖責鄒元標一百，發配都勻衛充軍，立即執行。

在此之後，很少有人再就奪情之事敢公然反對了，歷時僅僅十幾天的奪情之爭告一段落。但是，反對派對張居正的不滿卻持續著，並對以後深入的改革懷有更深的仇恨，直到張居正身敗名裂為止。

西元一五八二年六月二十日，五十八歲的張居正沒能抵得住死神的召喚，在他功成名就之後，終於捨棄了他難以放下的權力以及十分依戀他的神宗皇帝，匆匆地走了。瀕臨垂危的大明王朝，出現生機和活力，這都是張居正的業績，是張居正改革的功勞。可以說，張居正由政治入手，再由經濟領域深入，旨在富國強兵的改革獲得了成功。

張居正去世了，受制於張居正的神宗皇帝失去了依賴，同時擺脫了張居正的專權，他感到了從未有過的自由和輕鬆，直到這時，他才猛然意識到自己是個威福自專的皇帝！回想起受制於人的歲月，他感到一種恥辱向他襲來，以前的十年，自己也是皇帝，卻要任人擺布，真是滑天下之大稽。神宗是世宗嘉靖皇帝的孫子，在他的血管裡流動著皇祖的血液，遺傳著皇祖的孤高與奢華！張居正改革十年後，政治清明，經濟富足，邊境安寧，這一切都使身為皇帝的神宗逐漸滋生了貪圖享樂的惡習。在張居正謝世的日子裡，他所做的不是對張居正的感激，繼而發憤圖強，將改革的事業繼續下去。相反，他卻選擇了報復，不但報復張居正的約束和獨裁，而且對他的改革也做了令人遺憾的反攻倒算。

這時，那些因張居正改革而被觸犯了利益的人們，也開始活躍起來。他們迎合皇帝心願，又掀起了攻擊張居正的熱潮。

張居正執政後期，特別是奪情之爭之後，剛愎自用，睚眥必報，喜歡阿諛逢迎，厭惡逆耳之言。萬曆八年六月，南京兵部主事趙世卿上疏，指出不少言官只因阿諛奉承便得以陞遷，這種風氣極不利於社會風氣的淨化，應予以扭轉。同時他提出應廣開言路，不應禁錮人們的思想。這些都是有進步意義的。然而張居正卻認為這是對他的攻擊，最後找了個理由罷了趙世卿的官。相反，為其歌功頌德之人卻都得到他的重用。原禮部侍郎邱岳寫了一副對聯，曰：「日月並明，萬國仰大明天子；丘山為岳，四方頌太岳相公。」張居正見了大喜，正準備給予越級提拔時，因自己病重才未能得以實施。張居正雖是一位政績卓著的改革家，但隨著地位日隆，身價倍增，其生活也日見奢華起來。萬曆六年三月，張居正回鄉葬父。此次回鄉，真可謂威風凜凜，轎子是特製的，前面有起居室，後面是寢室，還有廁所等。由三十二名轎伕抬著，赫赫煊煊從北京南下，一路上有戚繼光的軍隊保護，沿途巡撫、巡按御史以及府、州、縣長官出來迎接，贈送奠品，熱情招待，真可謂浩浩蕩蕩，場面非凡。最能使人抓住把柄的是他的科場作弊、縱容親屬受賄等特權行為。在張居正執政之初，對子弟、家人約束比較嚴格，不許他們結交權貴，教育子弟勤奮學習，以求科舉取士。他的兒子嗣文、嗣修、懋修等也確實都刻苦好學，小有成績，但並不都是最優秀的士子學童。萬曆五年，張嗣修參加科舉考試，當廷試拆卷要發榜時，排在二甲的張嗣修，被神宗列為一甲第二名榜眼。為了掩人耳目，又將同張嗣修一起讀書的才子沈懋學定為狀元，將原定狀元的宋希堯降為二甲第一名。事後，神宗對張居正說：「朕無以報先生功，只有對先生的子孫予以一些照顧了。」張居正對此事自始至終裝作不知，最後對神宗的好意也怡然接受了，從此科場風紀大壞。與此同時，江陵的張家借張居正之威，又強占了遼王府。這些都使人感到，張居正在嚴於律人，寬以待己。張居正的「失節」行為，雖然不能與歷史上貪官汙吏同日而語，但這畢竟是他政治生涯中的黑影。正因為如此，當他死了之後，再一次遭到反對派的攻擊。

當反對張居正的人不斷上疏，試圖否定張居正、進而否定改革之時，神宗皇帝再也不是張居正堅強有力的後盾了。他對張居正的反感也在升級，最後終於以逮捕馮保，查抄其家為先，然後向死去的張居正下手了。

在張居正身歿僅僅九個月之後，也就是萬曆十一年的三月，神宗下詔取消張居正上柱國、太師之名，並取消他死後加賜的文忠公謚號，責令其子錦衣衛指揮簡修為民，接著便取消了張居正的所有改革措施。這還只是一個開始。四月，原遼王妃子控告張居正陷害遼王憲㸅，強占遼府產業。於是，神宗下令抄沒張居正家產，派遣司禮太監張誠、刑部右侍郎邱橓等人，從北京出發，直奔江陵張府。真是牆倒眾人推，在這些人到達之前，荊州府和江陵縣的長官已將張府的門給封了，張宅的人不敢出來，官府也不許他們出來。當北京來人到後，打開宅門，發現有十餘口已經餓死了！經搜檢，共抄得黃金萬餘兩，白銀十餘萬兩。神宗派來的人認為，連馮保家都有金銀一百餘萬兩和大量珠寶，張居正的家資怎麼會這麼少？他們硬說張家有二百多萬兩銀子，用毒刑逼著長子敬修交出來。敬修不勝拷打，最後悲憤地自殺而死，懋修則自殺未遂。不久，神宗下詔宣布張居正罪行，其主要罪狀有：「誣衊親藩，侵占王墳，箝制言官，蔽塞朕聰，私廢遼王，假丈量田地，騷動海內，專權亂政，罔上負恩，謀國不忠。」就這樣，張居正人亡政息了，他的弟弟張居易和兒子嗣修被充軍到邊遠的煙瘴之地。張居正名譽一落千丈，他的一系列改革措施也付諸東流。

從此以後，神宗皇帝日漸昏庸，不理朝政，張居正創造出的富強國勢，急轉直下，到了崇禎年間，明王朝終於在全國農民大起義的洪流中覆滅了。

如果說張居正的改革成功，可是在他死後，明王朝卻很快走向滅亡。如果只因明朝滅亡而說張居正改革失敗，這又顯得不太客觀。改革的十年，是垂危的明王朝重現生機的十年，他使國富民強，稱得上功成名就。成功與失敗，這本來是截然相反的兩個概念，在這裡卻難以劃分。或許這是因為張居正的改革有著自己的特殊性吧，它不同於孝文帝名主自身主持的改革，也不同於商鞅、王安石聖君在世時的改革。這一次確實特殊，促使張居正變法的是神宗，取消變法的也是神宗。是神宗皇帝使張居正的改革獲得了成功，同時也是神宗皇帝使改革走向了最終的失敗。這是九泉之下張居正的悲哀，更是明朝的悲哀！但不管怎麼說，張居正是帶著成功的喜悅離開人世的。

# 洋務新風

張居正拯危救難的改革並沒有挽救危難之中的大明王朝，在農民起義的熊熊烈焰中明王朝銷聲匿跡了。然而，李自成的農民起義軍不能承擔起統治全中國的重負，崛起於白山黑水之間的清王朝成了中原大地的主宰。清朝是中國封建社會的最後一個王朝，在延續了二百多年的封建社會之後，終於在十九世紀中葉走向了它最後的腐朽與沒落。

西元一八四〇年，對於大清王朝乃至對於整個中華民族來說，都是一個極不尋常之年。英國的隆隆炮聲震撼了中國的海域，震撼了中國的南疆，也震撼了中國的心臟，中國的大門被打開了！這炮聲使守疆的戰士驚訝，使抗戰的愛國將帥驚訝，更使清廷的貴族老爺們驚訝，大清帝國不是世界強國、文明古國嗎？小小的蠻夷之國怎敢如此無理、如此膽大妄為？但事實就是事實。清政府與英國簽訂了《南京條約》，以屈辱換來了「和平」。從此，香港割讓給英國，沿海港口開放，牟取暴利的鴉片也運了進來。有了第一次，就有第二次。西元一八五六年，由英法聯合發動的第二次鴉片戰爭打響了，結果中國損失慘重，迫不得已，與侵略者簽訂了《中英天津條約》、《中法天津條約》以及中英、中法的《北京條約》。接著，又是割地、賠款、開放眾多城市、外國人開始大量湧入。隨後，號稱公正的美國人，也以十分「和平」的方式介入，取得了和英法同樣的在華利益。

面對屈辱的現實，人民開始逐漸覺醒，三元里人民在街頭巷尾，與敵人短兵相接，給予英國侵略者有力的打擊。香港、九龍的工人罷工、罷業、停水、停電，使整個城市處於癱瘓，外國人最後只好求救於高傲又卑賤的清朝政府，而腐朽無能的清政府只知道在屈辱退讓中苟延殘喘。

在地主階級的上層，有一些人開始意識到國家不能再這樣屈服下去了，再這樣下去，大清帝國就要滅亡了。而且當時來自於下層社會的太平天國運動已經風起雲湧，勢如浪潮，這更加重了他們的危機感。清朝政府要自救，然而自救的出路在哪裡？人們尋找著、探索著，終於發現自救的唯一方式就是學習能使外國人船堅炮利的先進西學。西元一八六一年之後，一場大規模、持續三十餘年之久的中學為本、西學為末的洋務運動開始了。

所謂洋務運動，就是由清政府內部一些進步人士為首而掀起的辦洋務熱潮，它是以西元一八六一年在北京成立「總理各國事務衙門」（簡稱「總理衙門」）而開始的。

中國人辦洋務，這可不是一件簡單易行的事情！在閉關鎖國的封建時代，不僅僅是封建政府機構的官僚，就是普通的平民百姓乃至士大夫知識分子們，他們也只知道四書五經，知道三綱五常封建禮義，知道宗教佛學。為民者以學好詩經、考取功名為榮，為官者以如何維護統治、效忠皇帝為尚。他們對外邊的世界知之甚少，只知道不同於自己的民族都是蠻夷，北方有蒙古、韃靼，沿海有倭寇，海外一定還有許多蠻夷。鴉片戰爭爆發前，沿海向朝廷告急。道光皇帝向大臣們問道：「英國是哪方夷人？地方幾許？與俄羅斯是否接壤？」如此驕傲與無知的清政府，將大清帝國與世界割裂，以為大清就是這個世界的主宰。二十年之後，清政府內部竟出現了洋務派，他們把辦洋務作為求強求富的必要手段，而且場面之大，規模之宏令人驚嘆不已。為什麼會有這樣質上的突飛猛進，為什麼封閉了幾千年的文明古國會迎接世界、走向世界呢？這一變化的關鍵來源於兩次戰爭對中國的撞擊，來源於睜眼看世界的第一人林則徐以及繼他之後魏源的思想啟蒙。

林則徐，以他虎門銷菸的威名流傳青史，盡人皆知。同時，他也是中國近代史上瞭解西方，認識西方的先驅，范文瀾先生稱之為「睜開眼睛看世界的第一人」。當英國人看準了中國這一市場，將鴉片源源不斷地帶到中國之後，身為湖廣總督的林則徐以欽差大臣之名義到廣州禁菸。那時，他就產生了一種強烈的願望，要瞭解英國，瞭解西方，知己知彼。林則徐大量蒐集外國書籍，找人翻譯，把西元一八三六年倫敦出版、慕瑞所著的《世界地理大全》譯為《四洲志》，把《澳門新聞稿》譯為《澳門月報》，又把德庇時、地爾窪等人所著的《中國人》、《在中國做貿易罪過論》合譯為《華事夷言》。這些近代中國系統介紹西方各國地理歷史知識的書籍，使中國人瞭解了陌生的世界。鴉片戰爭時，面對英國人的堅船利炮，林則徐不是害怕屈服，而是勇敢地站起來進行抗爭，並主張把他們的船炮拿過來為自己所用，這就是林則徐的高明之處，是他不同於時人的遠見卓識，可謂慧眼獨具。當鴉片戰爭失敗後，林則徐總結失敗的教訓時說：「我覺得若想抗擊夷人，如不擁有夷人所有的新式船炮，建立水軍，那麼只能是自取失敗。只有器良技熟、膽壯心齊，才能克敵制勝。」可以說，鴉片戰爭之後，林則徐向西方學習的思想便形成了。

西元一八四一年林則徐因禁菸、抗戰而被革職充軍到新疆。林則徐去往新疆的途中路過京口，和正在京口的志同道合好友魏源相見後，便把《四洲志》的稿子交給魏源，囑咐他：「你要以此為藍本撰寫一本《海國圖志》，以便更有系統、更具體地介紹西方社會。」魏源沒有辜負林則徐的期望，於一八四四年完成了《海國圖志》的編纂。初始五十卷，後來又進行擴充，一八四七年補充到六十卷，一八四九年又擴編為一百卷。魏源在《海國圖志》中不但詳細敘述了世界各國的沿革、地理，而且對資本主義自由競爭的社會現象、對外開拓殖民地的社會本質，以及其技術水平、政治制度、風土人情等等都做了介紹，並加以評述。他是這樣描述英國的：英國並不看重宗教，只重視商業和武力，以此到世界各地去開拓殖民地。他指出，鴉片戰爭不是林則徐禁菸的結果，實際上是英國侵略者唯利是圖、唯威是畏的必然行為，以及清朝落後所造成的。他為林則徐申冤的同時，又指出必須學習西方長處。他大聲疾呼：「師夷長技以制夷。」

林則徐、魏源的啟蒙思想，促使中國士人更多地瞭解了西方，使中國知識界眼界大開，耳目一新，從而也引導了更多人來學習西方、學習西學。但是，林則徐、魏源對西方長技的認識還是相當淺層次的表面，所謂長技不外乎指船堅炮利而已，還沒有上升到西學這一高度。當然，我們不能苛求他們，因為在萬民皆睡我獨醒的狀態下，能大聲發出吶喊，這已經是很不容易的事！他們做出了自己應做的貢獻，更深層的認識只能靠後人來完成。事實也確實如此，洋務運動之所以能迅猛發展起來，後來的馮桂芬發揮了不可低估的作用。

著名的《校邠廬抗議》是馮桂芬的一部力著，其中《採西學議》和《製洋器議》集中反映了他學習西學的思想。馮桂芬把學習西方長技提高到了學習西學的高度，這是理論上的飛躍。他在《採西學議》中寫道：「在我國古代的一部天文歷算著作《周髀算經》中，有四極四合與半年為晝、半年為夜的說法，後人都不解其意。戰國時的陰陽家騶衍，說中國名為赤縣神州，而中國之外也如赤縣神州的還有九個，這在當時也被看做是荒唐之言。然而，他們說的並沒有錯，地球確實大無邊際，並不是舟車、人力所能到達的。據西人地圖所列，天下有百國。而這百國的書籍，在明末譯過來的僅意大利和英吉利兩國的書就有數十種之多，其中的算學、重學、視學、光學、化學等都十分具有科學性，是中國人遠不及的。這些對於我中華大一統之邦來說，難道不是中國學子的羞恥嗎？

「今欲採西學，宜於廣東、上海設置翻譯公所，選附近十五歲以下聰穎易悟的童子，聘西人教他們各國語言文字，再聘內地名師教他們經史之學。一切西學都從算學開始，西人十歲以上無人不學算學，今欲採西學，自然不可不學算學，或者以西人為師，或者請內地知算學的人為師都可。我聽說香港英華書院、上海墨海書院藏書都很多，另外一八四七年俄國人送政府方略館的書籍也達千餘種，都可以有選擇地翻譯過來。這樣歷算之術、格致之理、製器尚象之法，無所不包，互為貫通，對中國將大有裨益。聽說西人發明了新的測量地動之術，與天行密切配合，可以報時。又聞西人海港刷沙，其法甚捷，可以把它引來用以治水。又如農具、織具，百工所需，多用機輪，用力少而收效大，可以學來以利民生。其他凡是有利於國計民生，我們不管他是什麼奇技淫巧，只管學來便是。這樣，三年之後，那些文童已能對外國書籍應口成誦，以此來補充本學；諸生中如有成績突出，具有真才實學的，可由通商大臣請示朝廷封他們為舉人。如前所議，中國多秀民，必有出之於夷而勝於夷之人，這實在是當今治學的第一要務。」

「愚以為在今日宜曰：『鑑諸國。』諸國同時並行於世，都能獨自達到富強，更何況我們對各方面做以比較，選擇其中最好的來學習呢！如以中國之倫常名教為原本，輔以諸國富強之術，不更是善之善者哉？」

「夫御夷為當今天下第一要政，此議如能行，則學習外國語言文字的人必然多起來，則必然有正人君子、通達治體之人脫穎而出，然後得其要領而抵禦之。」

綜觀馮桂芬的思想，他已將魏源的「師夷長技以制夷」發展為「師夷善法而制夷」，提出了更廣泛學習西方的口號。他認為中國不僅僅在軍事技術上落後西方，而且在人才、地利、君民關係、名實必符等諸多方面都不如夷，所以要廣泛地學習，但必須是在以中學為本的前提下進行。他的這一中學為本、西學為末的思想對中國洋務運動時期政治思想的發展產生了極其重要的影響。學習和掌握西方技術，是馮桂芬倡導自強之道的重要課題，這也成了洋務運動的初衷。他的《製洋器議》簡直就是一步一步地告訴洋務派如何去學西學，如何去製造洋器。馮桂芬將西學思想灌輸到人們的頭腦之中，只等著洋務派將他的思想付諸實施了。

西元一八六一年十二月，安徽合肥雖沒有北方的皚皚冰雪，但也是寒氣逼人，冷風瑟瑟。此時，在剛剛組建的淮軍總部，李鴻章正雙目緊閉，雙眉緊鎖，坐在那裡愁眉不展。左右見狀，不知為何，小心翼翼地問道：「大人已承曾總督相助，組建了淮軍，繳匪已勝利在望，大人還為何事憂慮？」李鴻章什麼話也沒說，他揮了揮手，示意左右退下。於是他們都再不敢言語，心懷疑慮地走了。

此時的李鴻章已奉兩江總督曾國藩之命建立了淮勇，面對士氣高漲的太平天國，他正待命準備開赴戰場，而且充滿了必勝的信心。那麼他究竟在想什麼呢？原來，這位二十四歲就中進士、曾是曾國藩幕僚的李鴻章，正為國事而憂慮、困惑。兩次鴉片戰爭失敗之後，農民起義又風起雲湧，大清王朝江河日下，危機四伏。太平天國勢在推翻清朝政府，英、法、美等國企圖主宰中華，這就是十九世紀六〇年代的國情！十一月，慈禧太后發動宮廷政變，掌握了大清實權，並以恭親王奕訢為首成立了總理各國事務衙門，以應付日益繁多的對外事宜。然而，這又能給人們帶來什麼希望呢？總理衙門只是為外國人在中國取得更大的利益大開方便之門罷了。李鴻章閉目思索著，心裡更增加了幾絲愁緒，眉間的皺紋更深了。

忽然，外面一片嘈雜聲使他從混亂的思緒中清醒過來，他睜開雙眼，看看究竟出了什麼事。原來是他的一個幕僚剛剛從蘇州回來，只見他興沖沖地來到李鴻章近前，「太令人振奮了，請大人看看這本書。」來人急不可耐地說。李鴻章接過來一看，是馮桂芬的《校邠廬抗議》！翻開扉頁，再翻下去，繼續看下去，李鴻章越看越興奮，他不知不覺中熱血沸騰了，不禁大聲說道：「原來我所苦苦尋找的答案就在這裡啊！」是啊，這就是李鴻章所要找的答案，拯救危難中的中國，拯救搖搖欲墜的清政府，只有學習西學才是唯一的出路。李鴻章興奮著、欣喜著，他已不再困惑，不再猶豫，出路就在眼前，只要自己沿著別人給指的路向前走就行了。

與此同時，馮桂芬的書籍走出了他的家鄉蘇州，在合肥、上海、北京、湖南等地傳開了，恭親王奕訢看到了，兩江總督曾國藩看到了，無數的士人看到了。

此時的曾國藩，對農民起義自然是恨之入骨，但更使他痛心的是兩次鴉片戰爭失敗後的民族的劫難。他看到外國人肆意橫行於中國的沿海與沿江，他的心被一種不可言狀的憤怒與傷感所籠罩。他把這種愁苦心情寫在紙上，向他的日記傾訴，「大局已壞，令人心灰」，他無法沉默，無法忍讓，「扼腕久之，泫然有嗚咽之哀」。該如何擺脫這種苦痛呢？終於，他看到了一種新穎的思想。一八六二年九月十七日，他在日記中這樣寫道：「余偶從朋友處得到馮氏之《校邠廬抗議》一書，如獲至寶，仔細研讀，實覺馮氏之論乃名儒之論矣。」讀罷馮氏之作，曾國藩茅塞頓開，有如撥開雲霧，看到了久違的希望和陽光。馮氏的西學之路，就是中國的自救之路，他終於明白了這個還不是眾多人都能明白的道理。曾國藩這位封建禮教的衛道士，在民族危難面前，選擇走在時代的最前端。

林則徐、魏源、馮桂芬，他們使曚昧了幾千年的中國人眼界大開，他們喚醒了沉睡中的人們，尤其是地主階級之上一些有識之士。這些有識之士開始學習西學、接受西學，並採納西學，洋務運動由此而產生了。

《北京條約》簽訂之後，英、法、美等國侵略者大量湧入中國，並在北京派駐公使，中國外交事務逐漸繁重起來。過去承擔對外事務的理藩院已明顯不能應付目前這種局面，於是清政府便在北京成立了總理衙門，以總理外交事務。慈禧太后給予奕訢領導的總理衙門很大的權力，按軍機處的規模組建，除主管外交事務之外，還兼管各路軍務及海關等。但是，總理衙門一成立，便成了洋務派實行洋務運動的領導機構，這實在是清朝政府所始料不及的。

與洋人打交道遇到的第一個問題就是語言障礙，於是，總理衙門便把這一問題看成了頭等大事。西元一八六二年，以學習英語為首要任務的同文館成立，第二年又開設了法文館和俄文館，所屬同文館。

隨著總理衙門、同文館的設立，新的思想、新的觀念也在中華大地上勃然而生。大權在握的恭親王奕訢接受了新思想的陶冶，總理衙門事實上成了洋務運動的大本營。

此時，地方上的李鴻章等人也開始行動起來。西元一八六三年初春，被調到上海、已被提拔為江蘇巡撫的李鴻章終於將他久慕的馮桂芬請到自己帳下。共同的理想和信念，使相差十幾歲的兩個人走在一起，並使他們成了師生、戰友和知己。李鴻章視馮桂芬為恩師，馮桂芬也更加深入而具體地把他的西學思想灌輸給李鴻章。由馮桂芬建議和擬稿，李鴻章依照同文館之例，奏准在上海設立廣方言館。廣方言館比北京同文館更加進步，其學生不但學習外國語言，而且還學習西方自然科學和製造技術，它同第二年兩廣總督瑞麟在廣州設立的同文館一樣，為培養洋務人才做出了突出貢獻。與此同時，各同文館大量地翻譯書籍，對打開中國風氣無疑發揮了極其重要的作用。

西元一八六二年，太平天國農民起義已持續了十二年之久，清政府出於種種考慮，求救於外國人軍隊介入中國內戰之中。裝備精良的外國軍隊前所未見，使曾國藩、李鴻章等人大開眼界。外國有軍艦、輪船，中國卻只有帆篷舟楫；外國有來福槍，中國卻只有弓矢、工槍，相差實在太懸殊了。李鴻章在給曾國藩的信中寫道：「鴻章經常到英法提督的兵船上去，看見其大砲之精純，彈藥之細巧，器械之鮮明，隊伍之雄整，實在不是中國所能比的。」正是因為這種懸殊差距，他們才想把外國人所有的拿過來據為己有。曾國藩曾說過：「目前借助於夷國軍隊，得以解一時之憂；而將來師夷智以造炮製船，才可期永遠之利。」李鴻章也曾強調說：「國家百用可省，只有練兵設備萬不可省。」他們二人都認為：如果中國軍器也能像西方的那樣精銳，那麼不但平定國內之亂有餘，而且抵禦外侮亦無不足。

西元一八六二年，曾國藩在安慶建立了軍械所。雖然規模較小，但是它卻是在中國試造新式武器的開始，它也是中國近代工業的始祖。之後不久，他又與李鴻章共同在上海創辦了洋務運動期間最大的軍事工業——江南機器製造局。曾到國外採辦機器的容閎後來追述：「自余由美國採購機器歸國以來，中國國家已籌備了千百萬現金，準備建廠，並希望能成為好望角以東之第一良好機器廠。故此廠實乃為一永久之碑，可以紀念曾文正之高識遠見。世無文正，則中國今日，正不知能有一西式之機器廠否耶？」曾國藩、李鴻章引進機器生產軍備，以求自強，這在當時是最為先進之舉。

曾、李二人的自強思想與行為得到了奕訢的認同。西元一八六四年六月，奕訢在奏摺中說道：「查治國之道，在乎自強；而審時度勢，則自強以練兵為要，練兵又以製器為先。自從洋人挑釁以來，至今已數十年矣。到咸豐年間，內患外侮，一時並至，難道都是因為武臣不善治兵哉？即使有制勝之兵，而無制勝之器，所以才不能所向無敵耳。」

太平天國結束之後，中央與地方協調起來，洋務派官員們將更多的精力投入到軍事工業的建設上來，在中國的大江南北掀起了建立軍工企業的熱潮。西元一八六五年，李鴻章在南京建立金陵機器局；一八六六年，左宗棠在福州設立福州船政局；一八六七年，崇厚建天津機器局。之後，張之洞在漢陽創辦了大型的湖北槍炮廠。此外，陝、甘、粵、魯、吉等省也先後辦起了規模較小的軍火工廠。

隨著軍事工業的建立，如何使用這些從外國引進的機器，便成了首要問題。起初，他們僱用外國技師，但正如李鴻章所言：「聘用洋員只是權宜應急之謀，實在不是經久可恃之道。」換言之，中國的工業必須使用中國自己的人才。然而，當時中國的「人才」只會製作八股文，只知沉浸於章句小楷之中，根本不懂技藝。面對這種局面，李鴻章提出變通文場科舉之制、專設一科取士的主張，即在原來科舉所學基礎上，再加一科，學習西方近代的軍事裝備和機器生產，以造就掌握近代工程技術的人才。他這樣說道：「今日儒者，只是殫心勞神於八股文字，等到實際用時，則閉門造車，根本不能為現實所用。應於文場科舉之制，略為變通。擬分為八科，以求為現實所用。一曰忠信篤敬，以見其品行；二曰直言時事，以見其見識；三曰考證經史百家，以見其學識；四曰填詞作賦，以見其才華；五曰詢問其對刑名錢谷的認識，以見其是否長於吏治；六曰問山川形勢，軍法進退，以見其是否能指揮作戰；七曰考算數格致，以見其是否精通自然科學，問機器製作，以盡其能；八曰試以外國情勢利弊，言語文字，以見其是否能不致辱命。政府重視實際才能，並特設一館，廣招奇技異能之士，那麼人才將輩出而不竭，海外華人中有抱負絕技的，必將返回中國以求取爵祿功名。」

為了讓清政府接受李鴻章改革科舉制度的建議，奕訢將這一主張做了改造，他在原來同文館內增設了算學館，派科舉正途官員到算學館學習天文、算學等等。這樣既不用改變科舉考試內容，又可以使傳統科舉生員學習西方技術。但是，這種折中方案仍在朝廷內引起了軒然大波。

在封建意識根深蒂固的年代，具有先進思想的開明人士僅僅是鳳毛麟角。他們不但面臨著自身如何學習西學的問題，而且更為艱巨的是如何與強大的頑固勢力進行抗爭！洋務運動剛剛起步，那些京城裡的守舊大臣們便緊握起「祖宗之法不可變」的利劍，窺視著、犬伏著。最初成立總理衙門、同文館時，他們無話可說，那是時事需要，否則就無法與強硬的外國人打交道。洋務派買進外國的船隻槍炮，同時又自己建廠，自己生產武器，這是鎮壓太平天國的需要，是維護清朝統治的需要，頑固派仍無話可說。但是，太平天國被鎮壓下去了，洋務派仍大張旗鼓地引進機器、建立工廠，在頑固派看來，這是另有所圖，欲變祖宗之制。如今又讓科舉生員學習西學，這還了得，頑固的封建大員們終於怒不可遏了。西元一八六七年，以算學館成立為導火線，終於引發了一場新與舊、中學與西學、洋務與守舊的大辯論。

首先發難的是山東道監察御史張盛藻。張上疏說道：「科舉取士自古為國家求賢之正途，我大清王朝也賴此讀聖賢之書的科舉士子才得以如此長盛不衰。而如今恭親王卻要讓這些國家俊秀去學習夷學，從而以夷變夏，其用心何在？臣請太后、陛下取消算學館，以正學士純潔之風。」張盛藻的意見，立刻得到了大學士倭仁的贊同。倭仁上了一篇奏摺，惡毒攻擊洋務派關於學習洋人技藝的主張。他說：「今求一技之末，而又奉夷人為師，而夷人十分詭譎，未必傳其精巧。即使是他們誠心教授，所成就的也不過是掌握術數之士。自古以來還沒有聽說依恃術數就能起衰振弱的呢。天下之大，何患無才。如果認為天文算學必須講習的話，可以廣泛蒐集精通此術者，何必非得用夷人、以夷人為師呢？使讀書之士，講明義理，就可以維持人心。立國之道，尚禮而不尚權謀，根本之圖，在人心而不在技藝。而如今卻將這些聰明俊秀、國家培養出來準備重用之人，使之變而從夷，定會使正氣不伸，邪氣將因而彌熾。數年之後，中國之眾不都驅於夷人統治之下了嗎？如今天下已受洋人之害久矣，難道還要推波助瀾不成？聽說夷人傳教，常因為讀書人不肯習教為恨，今令科舉正途跟夷人學習，唯恐所學未必能精，而讀書人已為其所迷惑，這正中了他們的騙術耳。」

倭仁的這番言論實在是太有煽動性了，他既從宣傳封建禮教出發，又考慮到民族利益，以此來反對學習夷人技藝、以夷人為師。十九世紀六〇年代，外國侵略者在中國確實恣意橫行，為所欲為，在這種情況下，倭仁的言論顯得很有「民族氣節」！倭仁是當時久負理學盛名的大學士，在士大夫中享有很高的威望，他的立場和觀點影響著一大批人，阻止了許多人投考同文館。奕訢後來說過：「當御史張盛藻上奏此事時，臣衙門投考之人還不乏其人。而自從倭仁倡議以來，京師以及各省士大夫，聚黨私議，而且約法阻攔，甚至以無稽謠言，蠱惑人心，臣衙門裡於是再也很少有投考的人了。」由此可以看到，頑固派具有堅強的社會基礎，擺在洋務派面前的阻力實在太大。

然而，在時代的召喚下，洋務派並沒有屈服，面對強大的困難，他們勇敢地迎接著挑戰，重申自己中學為本、西學為末的觀點，為自己的行為進行辯解。朝廷之上，奕訢上疏說：「臣等查閱倭仁所奏，陳義甚高，持論甚正。臣等在未曾經理洋務之前，也是這種想法。但是，在辦理洋務的過程中，臣等發現，洋人所掌握的自然科學技術確實是先進的，而這也正是他們能肆意逞強的原因。中國要抵禦外侮，只有先自強，把他們的先進技術學到手，然後才能與之抗爭。臣等一切所為，無一不是為了國家，如學習外國語言文字，製造機器，訓練洋槍隊，派人周遊各國訪其風土人情，於京畿一帶設立六軍用以保衛朝廷，凡此種種苦心經營，無非是欲圖自強。而御史、大學士卻不理解臣等良苦用心，甚至許多人都不理解。當沒有戰事的時候，他們把外國的利器嗤為奇技淫巧，以為不必學；待有戰爭時，他們又驚訝於外國人的利器何以變得如此銳利神奇，又以為這樣神奇之器自己學不來。殊不知，如果不把外國人的利器學來，那麼我們就只有等待挨打受侮了。所謂的以忠信為甲冑，以禮義為干櫓就可以制敵之命，臣等實在是不敢相信啊！」奕訢情真意切，情理交融，感動了在場的許多文武百官。

垂簾聽政的慈禧聽了奕訢之言之後說道：「恭親王一心為國，大家都已知道了。大學士也是為國分憂，愛卿不必多慮。」聽到前一句，奕訢感到由衷的寬慰；聽到後一句，奕訢感到很不舒服。此時的同文館都沒有生員了。太后不是不知道，現在竟也說倭仁是對的了，真是不可思議。正當奕訢在這裡暗自不滿的時候，只聽太后又說話了：「恭親王繼續主持同文館事宜，招收天文算學館學生。同時，大學士到國內各地訪求天文算學人才，事成之後，可以另外設館。」此諭一下，奕訢的臉上終於露出了笑容，畢竟西太后還是支持自己的，只不過是給倭仁一個台階而已。他這樣想著，心情也開朗了許多。

這場由中、西學之爭而引起的洋務派與頑固派首次激烈的爭論，由慈禧太后以折中的方法給結束了。慈禧非等閒之人，她運用權術和智謀取得了大清王朝的實權，同治皇帝只是她的一個傀儡。她非常看重得之不易的權力，為了鞏固她的政權，她可以不惜一切代價。外國人打了進來，她以屈辱換來了暫時的和平，以一個個不平等條約換取政權的穩固。農民起義爆發後，她利用一切可以利用的力量去鎮壓他們，這其中包括漢族地主武裝以及外國的軍隊，她沒有考慮到用外國軍隊向中國人民開炮，只能使外國在華利益更為擴大，她只考慮她的政權。如今以奕訢為首，從中央到地方的洋務運動聲勢浩大，這不能不引起她的思考。洋務派打著自強禦敵的旗號，以中學為本、西學為末為宗旨來辦洋務，他們的最終目的是維護封建政權統治，這對清王朝當然是十分有利的。但是，洋務派的所為又不能不使慈禧心存疑慮，因為他們的權力有些過大了。地方上湘淮兩軍因鎮壓太平天國立下汗馬功勞，朝廷不得不給他們更大的權力、更高的地位。據英國史學家包耳格記述，曾國藩是當時中國最有勢力的人，到他去世之時，所有的總督都曾經做過他的部下，並且是由他提名的人。李鴻章後來更是權力巨大，煊赫一時，按清朝舊規，朝廷命官不得在故鄉為官，而安徽人的李鴻章卻在西元一八六五年升任兩江總督，管轄江蘇、安徽、江西三省，第一次打破了「不許服官本籍」的舊制。與此同時，地方督撫們利用手中的權力，以治理地方為名，截留上交國庫的收入，並將大部分資金用於操辦洋務。所有這一切，都使慈禧太后心懷戒意，她在適當支持洋務大員的同時，也充分利用頑固派來牽制洋務派，從而限制洋務派的勢力和影響。這就是為什麼慈禧在肯定奕訢的同時，也對倭仁予以首肯。

頑固派祖宗之法不可變的守舊思想根深蒂固，現在又有最高統治者的暗中支持，他們有恃無恐，時時處處向洋務派發難。

奕訢、李鴻章等人面對數千年未有之變局，想適當地變通成法，通過學習和引進西方近代武器設備、工業生產技術，達到求強求富之目的。他們以為只要中國有了和西方列強同樣的武器設備、生產技術，就可以超越洋人，免受欺侮。李鴻章的看法是：「中國文武制度，事事遠出西人之上，獨火器萬不能及。」將不如人的火器學來，中國就盡善盡美了，大清帝國的封建統治就會永固了。正如奕訢表白的：「凡此種種苦心經營，無非是為了自強。」然而，他們根本沒有意識到，練兵、制械、購船這些活動，稍變成法、造就人才、開通風氣這些主張和措施，將會對中國封建社會制度產生強烈的衝擊。近代工業企業在中國出現，使中國固有的封建經濟結構發生了變化，對人們的思想觀念、價值觀念，以至整個社會文化都產生了一系列影響，而這種影響是洋務派所始料未及的。但是作為封建衛道者的頑固派卻最早意識到了洋務勢必要使中國聖教和封建傳統文化受到衝擊和威脅，甚至出現用夷變夏的可能。他們認為辦洋務學西方，會弄壞世道人心，會導致中國封建文化的崩壞，伴隨洋務而產生的近代事物和近代意識，會危及中國的封建制度，因此他們站在維護封建制度的立場上極力反對辦洋務。

洋務運動在艱難困苦中跋涉著。李鴻章等人一方面要與強大的外國侵略勢力周旋，在國力衰微的境況下讓步求和，甚至乞求外國人的支持和幫助；一方面又要同頑固派進行抗爭。一次，李鴻章對友人大發牢騷說：「朝中大臣胸無大志，卻只是一味地對我們議論誹謗，挑剔責難，無事生非。之所以會這樣，就是因為朝廷怕我們的權力太大，總想收權控制我們。

這真是讓人不可思議。人家日本君臣上下一心，軍事工業才發展得很快。相反中國卻君臣不能一心，朝中政令朝發夕改，這樣大臣怎麼能施展才能。唉，真讓人十分苦惱啊。」友人聽了，跟著一同抱怨：「唉，有什麼辦法呢！」

事實上，朝廷並沒有忽視李鴻章對維護清朝統治的作用。西元一八七〇年，李鴻章被提升為直隸總督兼北洋通商大臣，由他總攬一切洋務大權，從此，李鴻章成為洋務運動的總代理，操縱著清政府對外事務的權力。在這一有利的條件下，李鴻章將洋務運動更深入地向前推進了一步。

隨著軍事工業的不斷發展，洋務派遇到了他們起初所沒有預料到的嚴重問題，那就是原料的匱乏，以及資金上的困難。當時軍工所需原料，不但煤、鐵要外運，甚至連木材都要從香港運來，這對於工業發展十分不利。隨著中國經濟的日益衰竭，國家收入減少，用於辦洋務的資金微不足道，洋務派深感資金不足。為了籌措資金，擺脫興辦洋務的困境，洋務派尋找出了如下出路：利用民間商人資本、以官商合辦的形式建立民用工廠來創造財富。與此同時，資本主義列強在打開中國大門之後，逐漸把他們的侵略鋒芒從軍事轉向政治和經濟，以擴大他們的在華勢力，西元一八六八年掀起的修約風波就是這一問題的具體體現。他們要求在中國建鐵路、設立電報局、賣食鹽、開煤礦，並在內地設行棧及在內河行駛輪船等等，貧弱的中國無法不答應這種種無理要求。侵略者的強盜行徑，也促使洋務派警醒。他們認為，中國應辦各類企業，與洋人爭利。從十九世紀七〇年代開始，洋務運動進入了第二階段，即民用企業紛紛建立。

西元一八七二年中國近代史上第一家民用企業輪船招商局成立了，它屬於官督商辦性質，目的在於振興中國商務。一八七八年，中國成立了第一個開採煤礦的企業開平礦務局，這是洋務運動時期比較有成效的企業。開平煤礦是中國最早使用機器開採大型礦，到一八八二年，已經全部用機器開採，當年出煤達三萬八千噸，一八九八年產煤七十三萬噸，不但可以供國家需要以及中外輪船之用，而且還可供內地民間日常生活之用。李鴻章對此也十分滿意，他曾興致勃勃地說道：「從此以後中國的兵商輪船及各機器製造局所用的煤，都不致於從外洋遠購了。一旦發生戰爭，我們就不會再為敵人所把持；與此同時也可免於資源的外流。真可謂是富強之基，就在於此呀！」有了開平礦務局的成績，洋務派又在全國各地開辦了許多礦業，除煤礦外，還包括了鐵、鉛、銅、金等礦。

此外，洋務派還成立了天津電報總局、蘭州機器織呢局、上海機器織布局等，使中國近代工業企業深入民間各行各業。然而，隨之而來的鐵路建設又觸動了頑固派的神經，他們以此為導火索，又掀起了反對的高潮。

中國近代的鐵路風波著實發人深思。十九世紀六〇年代，外國人想深入中國內地，便極力主張在中國修築鐵路，結果都被拒絕。西元一八六五年，在北京的英商杜蘭德未經批准擅自在宣武門外設了一條一里多長的鐵路。英國人試車時隆隆的火車聲驚動了慈禧老佛爺，她怒不可遏，問明是英國人未經她的同意就修築鐵路後，氣憤已極，當即命令步軍統領派人立刻拆毀。在中國大地上誕生的第一條一里多長的鐵路因此消失了。十年之後的一八七六年，英國人又不顧清政府的反對，完成了從上海到寶山江灣鎮的鐵路修築，並開始營業。清政府採取的辦法是花二十八萬五千兩白銀將鐵路買下，然後拆毀。面對清政府如此愚昧之舉，李鴻章感慨地說道：「朝廷以重價購買鐵路，而其意在收回後拆毀，真不知其用心何在？萬萬沒有想到朝中諸多大臣對洋務如此恐懼！如果達官貴人都以此為戒，那麼我們的國家必定無振興之期了，日後連生存都將很難，這可真令人寒心哪。鴻章我勵精圖治，欲圖富強，然而煤鐵礦務不容易找到可採之地，招商輪船也受排擠，唉，辦事之難，真是非局中人不知其甘苦也。」

難歸難，但有所作為的人卻並不因此而退卻，李鴻章就是這樣的強者。西元一八八〇年十二月三十一日，李鴻章知難而進，上了〈妥議鐵路事宜摺〉，指出了修築鐵路的九大利處。歸其為一就是速度快，凡是用兵、貨運、頒文、郵政、行旅等等都可借助於鐵路的快速。他不否認外國人也會借助鐵路而深入中國腹地獲利，就這一問題，李鴻章建議在鐵路沿途，清政府可以徵收洋稅釐金，從而利國。鐵路是發展中國近代工業必不可少的先決條件，雖然洋人也會充分利用它牟利，但權衡比較，於中國利大，所以，李鴻章堅決主張修建鐵路。他的這一主張遭到頑固派的強烈反對，他們的理由就是修建鐵路對洋人有利。

李鴻章的奏摺呈上之後，光緒皇帝讓朝中大臣發表意見，張家驤第一個站出來指明修路的三大害處。他情緒激昂地說道：「臣啟陛下，直隸總督所奏修鐵路事宜，臣覺得不可。首先，鐵路的速度確實是快，如有戰事，朝廷派兵確實可以朝發夕至，但是洋人用鐵路，也同樣神速快捷，這樣外國人的勢力就會更快地深入中國內地。其次，開造鐵路，必然侵占田地房舍、墳墓橋樑，影響人民的正常生活，擾民太重。第三，修鐵路，必然與輪船爭利，這樣朝廷對輪船招商局投以百萬銀款，都將白費了。基於以上原因，鐵路修不得。」這一番話一出，許多人都紛紛表示贊同。這個說，修鐵路破壞了祖墳風水，必然會有災難的；那個說，鐵路一通，洋人馬上就會打到北京來了……光緒皇帝受控於慈禧，自己並沒有決定權，雖然此時已經親政，但還是要徵求慈禧的意見，由慈禧最後定奪。慈禧當然不同意修築鐵路，於是李鴻章第一次築鐵路之請被否決了。

李鴻章沒有就此罷休，他繼續不懈地努力著，多次上疏講明鐵路對於國計民生之重要，並極言修鐵路是有益於維護清朝統治的。到了西元一八八一年，清政府終於允許修築一條由唐山到胥各莊、全長十一公里多的鐵路。中國最早的一條鐵路總算誕生了。

然而，李鴻章並沒有以此為滿足，他還要把中國的鐵路線修得更長。西元一八八五年中法戰爭結束後，列強對清政府施加壓力，也想在中國修築更多的鐵路。清政府為形勢所迫，不得不接受李鴻章之請，於是原來從唐山至胥各莊的鐵路在一八八六年被延長到蘆台。一八八七年，李鴻章又奏請向東延長到山海關，向西延長到天津和北京，清政府表示同意。李鴻章為了建築這條鐵路，特別組建了天津鐵路公司。一八八八年八月，鐵路已經由唐山修到了天津，這就是當時的北洋鐵路。當李鴻章等人按原計劃繼續向北京修建時，卻遭到了頑固派不顧一切的阻撓。

頑固派對於築路一事始終就很難接受，迫於內外壓力不得不讓步。當鐵路馬上就要修到清朝的心臟時，他們著實忍無可忍了。朝中大臣余聯沅、屠仁守、洪良品、奎潤等人聯名上疏，極力反對將鐵路修到北京。他們這次又找出三條理由：「第一，鐵路一開，從天津到北京，外國人長驅直入，毫無阻礙，這對我大清帝國造成了嚴重威脅。第二，鐵路已使沿途人民鏟墓平屋，廢田埋井，種種擾民不斷，民何以堪。第三，從天津到北京，共有車三千輛、船幾萬隻，人們賴以開旅店、設市場，生意興隆，而一旦鐵路修通，將使上百萬民眾再無生意可做，此乃是奪民生計。以此擾民奪民，必將危及大清的社稷江山，請皇上三思，萬不可取。」聽了頑固派這番危言聳聽之語，慈禧太后授意光緒帝予以酌情考慮再做決定。

李鴻章見朝廷沒有表態，知道又是頑固派從中作梗，便連忙上疏，申明自己的主張。他說：「鐵路是自強根本，這是萬國通行的真理。我們修津通鐵路，從而加強海上運輸，陸路調動，臣等創辦鐵路的本意就是要有利於用兵，以鐵路的快速來調動全局。所以津通鐵路必須要修，這是我國自強最基本的一點。更何況，陛下已經允准，如果又令停工，朝令夕改，也會被外國人笑話。」

李鴻章說的固然在理，但頑固派的言論也使清政府感到恐懼。頑固派與洋務派各抒己見，互不相讓，朝廷無法決斷，最後將兩派意見下發給各省督撫，讓他們討論後復奏。洋務派官員兩廣總督張之洞看鐵路之爭相持不下，怕影響了整個洋務運動的進程，於是就提出了一個折中意見，即緩辦津通路，在不能引敵的內地河南、湖北修路。其本意是避開矛盾，待以後慢慢解決。清政府終於得到了一位洋務官員的支持，於是便立即命令停止修築津通路。

在修築鐵路事宜上，李鴻章再次受阻，為此他十分苦惱。李鴻章氣憤地說道：「如今實在是遇到了數千年來從未有過的強敵，外患如此嚴重，而那些守舊之人還在說以成法制之，這不是痴人說夢嗎！」他大聲呼籲：「成法萬不可拘泥，風氣萬不可不開！」

事實上，李鴻章等人的洋務運動已經給近代中國開了一代新風。他們把中國近代第一批開明人士的啟蒙思想付諸實施，使人們在現實生活中真真切切地感受到，在閉關了幾千年的中國大地上，新世紀的曙光已經來臨，中國向著先進世界邁出了第一步！受中國幾千年封建思想影響的頑固勢力固然強大，但它卻無法扼殺新生事物的強大生命，洋務運動仍以其不可阻擋之勢向前發展著。

西元一八八五年的中法戰爭，又使中國人遭受了一次劫難，也使李鴻章受到了極大的觸動，自己苦心經營二十幾年的自強之路，並沒有使大清帝國富強起來，中國還是落後、貧弱。中法戰爭使李鴻章進一步意識到海軍的重要，沒有自己的海軍，沒有自己的艦隊，就無法抵禦洋人來自海上的侵略。十五年前，李鴻章就已經有了這一認識，現在他更加明確了這種認識。如果永遠沒有購買鐵甲之日，中國也就永遠沒有自強之時。這是李鴻章對於自強的新認識，由此，他開始著手建立中國水師。

西元一八八八年，北洋海軍正式成立，並從英、德購買了定遠、鎮遠、經遠、來遠、致遠、靖遠、濟遠、超勇、揚威等九艘艦船。至此，洋務運動已由最初的創立軍事工業、經辦民用工業而進入到操練海軍這一更高層次。

西元一八九四年，明治維新之後強盛起來的日本發動了一場侵華戰爭，戰爭的結局以中國慘敗而告結束。甲午戰爭的失敗，表明以自強富國為目的的洋務運動並沒有達到它的目的，中國並沒有因為洋務運動而變得富強起來，相反，卻繼續向半封建半殖民地的深淵滑去，中國辦洋務的士大夫們企圖去挽救，但這一切都沒能如願，洋務運動以失敗而宣告結束了。

甲午戰爭戰敗，中國半殖民地的形成，不能歸罪於洋務運動，如果沒有洋務運動，清王朝同樣會失敗，而且會敗得更慘。

洋務運動本身固然有許多弊病存在，但最主要的是李鴻章等人作為封建地主階級官僚，在他們內心深處，將封建制度視為他們固守的根本，而這一制度已走到了它最後的滅亡階段，在這一歷史潮流之下，如果仍抱著這個制度不放，那麼最後也只能以失敗為結局。

轟轟烈烈的洋務運動失敗了，但它對中國近代史乃至整個中國歷史的影響是巨大的。它把當時世界上資本主義一些先進的東西帶入了中國，它把一個閉關鎖國的封建大帝國領到了世界的大舞台上，它使中國看到世界，它使無數的中國人接受了西學，從而極大地縮短了中國走向世界的進程。

事實也教育了中國人民，在封建制度江河日下、民族劫難頻仍不休的嚴峻形勢下，以西學來補救中學，以中學為本、西學為末的洋務運動來達到自強、富國的目的，只是士大夫們的美好幻想。洋務運動失敗的事實告知人們：若想挽救危難中的人民，唯一的出路就是要對中國封建制度給予根本的變革。

# 戊戌喋血

西元一八九四年，是中國人永遠也不能忘懷的一年。就在這一年，中國東方的島上小國、不久前還遭受著列強侵凌的日本，竟悍然發動了侵華戰爭，並取得勝利，加入到瓜分中國的強國之列！

這場戰爭之後，西方列強開始改變在華的侵略形式，改商品輸入為資本輸入，爭先恐後地開設工廠，建築鐵路，開鑿礦山，逐漸地控制中國財政命脈。在列強的瓜分統治下，中國人民過著半封建半殖民地的生活。

面對如此悲慘的局面，無數的人在痛苦中思考著。中國為什麼會如此慘敗？日本為什麼會成功？明治維新使日本走上了富強之路，那麼三十多年的洋務運動為什麼就沒有使中國富裕自強呢！事實證明，用西方的技術來為中國封建政體服務，這條道路是行不通的！若要使中國走上自強之路，首先要學習西方的政體、學習日本的維新，康有為說得非常明白：「能變則存，不變則亡，全變則強，小變仍亡。」

甲午戰爭的慘敗，洋務運動的破產，是對「中學為本，西學為末」宗旨的最殘酷的判決。經此劇變，沒有被硝煙和波濤吞沒的三軍將士們長了一智；那些鑽研經籍、流連詩文的知識分子，也在救亡圖存的呼喚之下前進了一大步；而探索著救國救民真理的仁人志士們，則將西學理論提高到一個新的高度，將西方資本主義國家的君主立憲制政體引入中國，從而使中國的救亡運動發展到了一個嶄新階段。

十九世紀末葉，伴隨列強政治、經濟、軍事的侵略，各種思潮也一齊湧來。早在西學剛剛傳播之時，早期改良主義思想便在中國大地上悄然而生。王韜、薛福成、馬建忠等，他們都是中國知識分子的先覺者，而且最初都曾經是洋務派的支持者和追隨者。但到後來，他們對洋務運動產生了懷疑，甚至批判洋務派死抱封建政治制度不放的守舊立場，並將西方政治、經濟、文化教育等諸多方面廣泛地介紹到中國。在他們之後，鄭觀應、陳熾、何啟、胡禮垣等人對洋務運動的抨擊更加猛烈，他們在經濟上要求獨立發展民族資本主義，和外國資本競爭，在政治上介紹西方資產階級議會制度，要求在中國實行君民共主的君主立憲制。他們在比較了西方各類國家之後，對君民共主的國家特別欣賞和讚美，王韜曾這樣說過：「君民共同治理國家，則上下相通，民情可以很快傳達到君主那裡，君主施給百姓的恩惠也可以迅速地傳布下去。」

總之，早期改良派對中國如何走向富裕的道路，作了種種探索。他們學習西方，追求真理，對西方的認識，由船堅炮利到振興商務，再到君民共主，這是中國近代西學思想的發展歷程。他們是向西方尋求真理的先驅，同時又為資產階級改良派向西方學習架起了橋樑。洋務運動的澈底失敗，使救國救亡的中國志士們深深地意識到，只有掀起一場轟轟烈烈的維新變法運動，才是當務之急。在這一歷史大潮中，康有為扛起了拯救民族危亡的改革大旗。

康有為，西元一八五八年出生於廣東南海官僚地主家庭，又名康長素，自幼就感受到了資本主義侵略所帶來的災難，同時也較早接受了西方資本主義文化。在民族危機日益嚴重的時代，身受封建正統教育的康有為困惑、迷茫了。一八八二年，二十四歲的康有為到北京參加順天鄉試，沒有考中。回鄉途中，康有為到了外國人設有租界地的上海，他看到租界地內井然有序，心想，外國人治理租界地都這樣有辦法，本國的政治一定更加進步。他把江南製造局和教會所翻譯的書都買了下來，裝幾大箱帶回家去，細細研讀。西方的政治、經濟就好比一個磁鐵，強烈地吸引著他。康有為的革新思想也就在這一時期產生了。他認為資本主義國家之所以能成為強國，其整套治國辦法是進步的。而中國卻閉塞落後，不思澈底改革，所以才被列強所侵略，處境一天比一天壞。從此，他便把學外國、搞改革作為自己的行動指南。

中法戰爭以後，列強侵略勢力深入中國西南邊陲，清朝政府的腐敗與無能暴露無遺。康有為認為如果這個時候趕快變法維新還來得及，如果再拖延下去，內憂外患一天比一天緊迫，那就無法挽救了。於是他寫信給當時比較開通而又為光緒帝所信任的大臣翁同龢、潘祖蔭，大談變法維新。西元一八八八年，他再一次參加順天鄉試時，寫了洋洋五千字的〈上皇帝書〉。這是康有為的第一次上書，他向皇帝建議要變成法，通下情，慎左右。如此內修政事，十年之內，富強可致，二十年便可雪恥復仇。

上書首先到了翁同龢手中，他覺得康有為的言論過於激進，因此沒有給轉達。之後又到了頑固派徐桐和祁世長的手中，他們對這個狂妄書生不屑一顧，徐桐對左右說道：「此人真是痴人說夢，簡直是不知天高地厚。」

上書被退回之後，康有為並沒有心灰意冷，他在救國救民的道路上繼續探求著改革之路。當時他作詩吟道：「治安一策知難上，只是江湖心未灰。」即表明了他的高遠之志。

第一次上書的失敗，使康有為感受到了頑固勢力的強大與變法運動的艱難。為了使變法成功，他以自己獨有的智慧，以及銳意改革的決心，在封建正統思想的儒家學說中來尋找變法理論，以此減少變法阻力，併力求為大多數儒家思想武裝起來的封建士大夫們所接受。於是，他撰寫了《新學偽經考》和《孔子改制考》。

康有為在《新學偽經考》中提出了一個一反常理的觀點，那就是六經皆偽。他說：「東漢以來流傳下來的古文經，都是劉歆為了王莽新朝服務而篡改的，因此才叫新學。新學是王莽一朝之學，它與孔子無關，並把孔子本意全部淹沒了。以後賈逵、馬融、許慎、鄭玄等以及宋代註釋的經書都是偽學，並不是孔子本來之意。」既然六經都是偽的，那麼當務之急就是要恢復孔子的本來面目。然而，孔子究竟是什麼樣子的呢？這在他的第二本著作《孔子改制考》中可以找到答案。《孔子改制考》說明了所謂孔子政治思想被淹沒二千多年的真正涵義，即孔子的託古改制思想。孔子生活在春秋亂世，他嚮往堯舜太平盛世，孔子的思想就是託古改制。康有為還把資產階級的民權、議院、選舉、民主、平等都附會到孔子身上，說是孔子所創。那麼為什麼孔子要用託古改制的形式提出他的改革主張呢？康有為是這樣解釋的：「人們都有一種榮古賤今、貴遠賤近、厚古薄今的心理，而且孔子是個布衣，他若提出改制，勢必使人們驚駭，無以為信，所以只好托先王之名，才能既可避禍，又可取信於民。」

既然孔子是主張變法的，那麼我們這些孔子的追隨者為何不走同樣的變法之路，並按照孔子所指出的大同理想去努力呢？既然被世世代代推崇的六經都是偽的，那麼作為禁錮人們思想意識的封建制度為何不可以改變呢？

康有為的理論一經問世，立即遭到了頑固派的猛烈攻擊。本來嘛，歷年來被封建統治階級奉若神明的六經，你卻說是假的；被封建衛道士頂禮膜拜的儒家先聖孔子，卻被你改頭換面，轉眼成了託古改制的維新鬥士，宛若今日的康君一般。這還了得了，這明明不是在動搖封建統治的根基嗎？康有為實在是要反天了，這些封建大員們怎會坐視不管呢！於是變法前的維新與守舊的第一次論戰開始了。

首先提出毀禁《新學偽經考》的是安維峻。西元一八九四年他上疏彈劾此書，他說：「康長素以詭辯之才，肆意狂言，說六經都是新莽時劉歆偽撰的，並以此為旗號，煽惑人心，招收門徒，勢力已十分浩大。臣常常想孔子乃千古之聖人，六經如日月經天，江河行地，自從漢代儒子經表章、宋儒註釋，使經學更加昌盛。我朝也聖聖相承，重道尊經，將六經列為官學，一時間名臣巨儒輩出，使經學大大發展。然而康有為卻口出狂言，力翻成案，詆毀前人，真是荒謬絕倫。如此之人，豈可容於當代聖明之世。若不及早加以遏制，恐怕其說一旦流行開來，將危害至深。」此疏一上，反對康有為的人一下子多了起來。葉德輝也站出來為保衛「聖教」而奮起抗爭，他上疏反駁道：「《新學偽經考》的作者康長素在光天化日之下，將聖經聖法予以篡改，真可謂無父無君。他與周禮、孔子為仇敵，豈不是與禽獸無異，他何以竟狂悖到如此程度！」在頑固派不遺餘力的指責之下，《新學偽經考》三次印出，三次被禁毀。

《孔子改制考》也遭此同樣厄運。此書剛一問世，葉德輝立刻發表自己的「高見」：「《孔子改制考》宣傳民權、平等，民權、平等是什麼？就是觸犯聖人之綱常、天威之嚴肅。

人人平等，權權平等，那就是沒有了尊卑親疏，無尊卑，即是沒有君主，無親疏，即是無父。康長素實際上是托孔子之名而行其術，名為尊孔，實則是有悖於孔子之道，是在蠱惑人心。」賓鳳陽言道：「試問權力下移了，國家究竟由誰來治理，國君又幹什麼呢？這實際上是在製造天下大亂。康有為實在是心存不軌、辯言亂政之人。」梁節庵也大肆聲稱：「康有為對上則企圖分散君權，對下則欲散布邪教，他這是離經叛道，惑世亂民。」在頑固派如此叫囂聲中，《孔子改制考》也終遭毀版之命運。

但是，頑固派的氣焰並沒有使維新志士退卻下去。康有為以講學、辦報等形式大張旗鼓地宣傳維新變法思想，對頑固派予以駁斥。西元一八九一年他在廣東長興裡萬木草堂收徒講學，一八九四年到桂林講學，以後又創辦《萬國公報》、《中外紀聞》，組織北京強學會、上海強學會、兩粵廣仁善堂聖學會等等。康有為以及他的門生們以各種途徑宣傳自己的主張。

康有為說：「舊有的有朝一日必將被破壞，所以就不能泥守舊法、恪守祖訓，而應當推陳出新。從古代聖典，也可見一斑。《史佚》鑑成王，讓他接近於民；《康誥》誡康叔，要他警舊就新；《大學》裡講的也是日日新的道理；伊尹曾說：用其新，去其陳。後世因忘記了先賢的告誡，以至於疏遠其民，墨守成法，所以導致敗亡。」他還用歷史進化論的觀點，論證了歷史是越演越進步，一代勝過一代的，因此不能墨守成法，要日新又新，與日俱進。他說：「守舊則塞滯，維新則疏通；守舊則腐敗，維新則鮮明；守舊則頹敗，維新則整飭；守舊則散漫，維新則團結；守舊則窳敗，維新則發揚；守舊則只存形式，人心不樂；維新則精神振作，士氣高昂。中國之俗，向來超遠而棄近，趨舊而棄新，正因為此，才致成痼疾，實在是不能不鑑啊！」他認為事物在變化中發展是普遍規律，他說：「假使天有晝而無夜，有夏而無冬，萬物則何以為生？所以天只有變通，萬物才得以繁生。夫天能長久存在，就是因為它能適時變化。人從小到大，顏貌萬變，從不學到學，心靈和智慧都在萬變。歷史千年一大變，百年一中變，十年一小變。所以說，天、人、歷史都在變，政治也在變。如果積習太深，而又時局大變，這樣不盡棄舊習，創建嶄新政治，就不能滌除舊弊，維新氣象。如果僅僅像辦洋務那樣貼貼黏黏，縫縫補補，那麼千瘡百孔，顧此失彼，必將勞而無功。所以只有變革，才是當今之急務。」

當務之急只有變法圖強，這才是中國的出路，而變革的模式就是先進英國的君主立憲制。康有為說：「天下萬物中人是最尊貴的，人人獨立，人人平等，人人自主，人人不相侵犯，人人相親相愛，這是人類的公理，是人類進化的標誌。」人人平等，但不能廢除君主，他認為中國最理想的政體是西歐三權分立的君主立憲制。他說：「聞東西各強國之所以能強，就是因為立憲法開國會的緣故。國會者，就是君與民共議一國之政的法律。依據三權鼎立之說，以國會立法，以法官司法，以政府行政，最後君主總裁，立定憲法，這樣國家就可治了。中國若行此政體，則人君與千百萬之國民合成一體，國家怎能不強盛呢？」

康有為以他強有力的理論體系論證了中國的改革勢在必行，同時又指明改革的方向和道路，從理論上證明了中國若自強振興，必須學習西方，走君主立憲的改革之路。並以此反駁了頑固派的叫囂與攻擊，為變法維新做了充分的思想準備。

西元一八九四年的中日甲午戰爭，中國戰敗了。湘軍、淮軍這些在鎮壓國內起義威赫一時的舊式軍旅，在維新後的日本新軍面前，全部崩潰了。旅順口、威海衛等經營了十多年的軍港要塞，被日軍全部占領了。花了數千萬兩銀子，費了數十年心血建設起來的第一支海軍——北洋水師全軍覆沒了。清朝政府再一次屈辱求和，李鴻章赴日，在強權威脅之下，簽訂了喪權辱國的《馬關條約》，不但把台灣和遼東半島等大片國土割讓給日本，還要賠償日本軍費二億兩白銀！

屈辱簽訂不平等條約的消息從日本傳來，舉國震驚！

這一年正是朝廷會試之年，全國十八個行省舉子聚集於北京。李鴻章在日本簽訂《馬關條約》的消息傳到北京之後，這些血氣方剛、憂國憂民的士人按捺不住滿腔的憤怒，在宣武門外松筠庵諫草堂內集會商討對策，最後決定一齊上書皇帝，要皇帝拒簽和約，遷都陝西，以圖東山再起，同時練兵，以禦強敵。此乃權宜應敵之謀，之後再變法以成天下之治。這就是歷史上著名的「公車上書」，領袖就是康有為。

上書寫好後，舉子們來到都察院投遞。都察院門前，一時間，車馬盈巷，人群紛集，反對簽約形成浩大聲勢。

舉子們的行為令朝廷極為不安，軍機大臣孫毓汶派人到各舉人的寓所進行威脅的同時，也勸他們不要損害自己的前途。都察院的官員們則說皇帝已在條約上蓋了印，事情已無可挽回，上書不能向皇帝呈送。

「公車上書」雖然失敗了，但是康有為的聲名卻從此大震，京城的大街小巷都知道有個舉人叫康長素，他敢於向皇帝上書。第二天，會試發榜，康有為中了進士，被任命為工部主事。沒過多久，康有為再一次寫成一萬三千字的上皇帝書，內容與「公車上書」大致相同，只是刪去了拒和、遷都之建議，把要求變法的內容加強了，並從各方面說明必須趕快變法的道理。這一次上書是康有為的第三次上書，由於當時康有為的名望，以及輿論的壓力，都察院被迫將它呈遞給了光緒帝，光緒帝第一次看到了康有為的上書。

經歷了千波萬折，康有為的上書終於交給了光緒皇帝，對於康有為來說，這是他實現理想的第一步。而對於深居皇宮、受制於人的光緒來說，上書好似一束陽光照射到他那充滿陰霾的心靈深處，他感到從沒有過的暢快，心情立刻豁然開朗起來。

一個又一個的沉重打擊，給光緒皇帝的心靈帶來極大的震動。有著幾千年歷史、四億人口的滿清帝國，竟然被一個島國打敗，以致屈膝求和，受盡凌辱。甲午戰爭的失敗，使光緒皇帝心痛如割，第一次深切地感到了國家的危機，感到了自己寶座下基石的動搖，也感到了自己處境的艱危。所有這些痛苦的事實，都使他越來越清醒地意識到，世界已經變了，如再按過去那種老規矩、老辦法辦事，已經行不通了。他非常想學日本明治天皇，奮起維新。他知道，如果再不改弦更張，變法圖強，這個江山就有被西方列強分割的危險，祖宗的基業，就有被覆滅的可能！然而，自己又如何變革啊？又哪來的權力允許他變革呢？一想到他身處的境地，不覺更加煩悶起來。從自己四歲即位起，一直是慈禧太后垂簾聽政。十六歲成人之後，西太后不好意思再垂簾了，就宣布歸政於帝，由她訓政。西元一八八九年光緒十九歲時，西太后覺得再訓政下去實在說不過去，不得不宣告皇帝親政。可是二品以上大員的黜陟還要請她的懿旨，一切政令還要受她干涉，所不同的是皇帝先看奏摺，然後再請太后懿旨。但實質是一樣，光緒受制於皇太后，毫無實權。近期發生的幾件事，更使他鬱鬱寡歡。甲午戰爭失敗後，有個膽大的御史叫安維峻，他上奏章攻擊李鴻章抗戰不力，並有指責和議出自皇太后之意。太后動怒，把安維峻革職充軍。光緒的兩個妃子，珍妃和瑾妃因為得罪太后，也被革去妃號，降為貴人，珍妃的太監高萬枝被活活打死。後來，又有杖打珍瑾二妃、殺太監寇良才等等事情發生。

所有這一切，都使這個熱血未冷、壯志未泯的年輕皇帝感到心情十分壓抑。他試圖尋找出路，然而出路在哪裡？就在他苦悶、徬徨、困惑的時候，他看到了康有為的上書。康有為的變法圖強思想正是此時的他所需要的。他命令將此書抄成四份，一份呈西太后，一份交軍機處，轉發各省總督、巡撫、將軍審議，一份存乾清宮皇帝文件櫃，一份存勤政殿，以備隨時展閱。康有為的上書在朝廷內外轟動了，許多愛國志士從此看到了希望，看到了曙光。光緒帝急不可耐，他想儘早召見康有為，以便進一步探討改革具體事宜。

然而，西太后看過康有為的上書之後，將摺子一摔，怒氣衝衝地說道：「這個康長素，簡直是妖言惑眾，以後再不許皇上聽其蠱惑。」奴才們將太后的口諭轉達給都察院，示意都察院不准再向皇上傳遞康有為的奏摺。

康有為在第三次上書成功之後，馬上又寫了一個奏疏，論證了設立議院的必要性，並建議皇上廣招賢才，製造輿論。上書寫好後送到了都察院。都察院官員說你是工部主事，應由工部代遞。而工部侍郎李文田堅決抵制，拒絕代遞。康有為又去找兵部尚書榮祿，榮祿是西太后的心腹，更不肯代遞了。第四次上書就這樣被阻擱了。

康有為的又一次受挫，使他暫時放棄了給皇帝上書這條途徑，他開始在社會上廣泛地擴大自己的影響，以取得多數人的支持，從而積蓄力量，以迎接新世紀中國的到來。

西元一八九五年的八月，康有為在北京創辦了《萬國公報》，同年十二月改名為《中外紀聞》，由梁啟超、麥孟華編寫文稿，除刊載清朝政府的章奏和轉載在華外國人報刊上的文章外，每期都有議論一篇，以此做維新變法的宣傳園地。最初每期印一千份，後來每期印三千份，免費送給北京的官員們看。它的影響很大，有更多的人由此開始瞭解變法，並理解它，支持它。

在創辦刊物的同時，康有為又著手組織學會。同年八月，由帝黨文廷式出面，邀請陳熾為會長組成了強學會，梁啟超為書記員。康有為在《強學會序》中，陳述了在列強侵略下的危迫形勢，以及成立學會挽救時局的目的。學會一開始，聲勢便很浩大。學會每隔幾天便集會一次，有人進行講演宣傳，還向上海購得譯書幾十種，計劃設立圖書館，帝黨翁同龢、孫家鼐出面支持，大官僚張之洞、劉坤一等也都捐了款。

強學會在北京活動的影響一天比一天擴大，康有為又到上海成立了上海強學會，並發刊《強學報》。強學會由北京發展到上海，變法的呼聲越來越高，使頑固派感到這是對他們的嚴重威脅，他們不能再容忍了。他們公開叫嚷「寧可亡國，不可變法」，並到處散布不利於強學會的流言蜚語。頑固派的言行果然奏效，以至於《中外紀聞》送出去後，官僚們對送報的人怒目而視，到最後就是出高價也沒人肯代送了。西元一八九六年一月，御史楊崇伊上了一個奏章，他說：「啟奏皇上，工部主事康長素等人以強學會之名結黨營私，並以《中外紀聞》為陣地販賣西學，這些人實在是無法無天，請皇上予以嚴辦。」皇帝聽了倒不覺得怎樣，但西太后卻借此機會勒令光緒帝封閉強學會，查禁《中外紀聞》。

維新志士們雖然又遭受到了打擊，但是，此時的維新浪潮已風起雲湧，勢不可當。上海強學會被查禁後，梁啟超的《時務報》接踵誕生；康有為回到廣州，在澳門創辦《知新報》，在桂林組織聖學會；與此同時，湖南的譚嗣同成立南學，並創辦《湘報》；在天津，嚴復、夏曾佑創辦《國聞報》……總之，在全國成立的學會、學堂、報館等如雨後春筍般呈現出了勃勃生機。

就在變法之聲震撼著古老的華夏大地之時，中國時局進一步開始惡化。西元一八九七年十一月，德國強占膠州灣，接著沙俄強占旅順、大連，法國強占廣州灣，英國強占威海衛和九龍，中國即將被帝國主義強行瓜分。面對如此緊迫的時局，康有為毅然從廣州趕赴北京，再一次向皇帝上書。

這一次是康有為的第五次上書，他慷慨激昂地說道：「當今的中國面臨的是怎樣的局勢啊？日本議院天天在開會，各國的報紙都議論紛紛，他們是在討論瓜分中國的事！此時的形勢就好比地雷四伏，只要將藥線接通，稍一點火便會烈焰四起。然而自從割讓了台灣以後，全國人民都知道朝廷不可靠，到處都埋伏著人民反抗的危機，即使沒有外國列強的逼迫，也已經是夠值得憂慮的了。現在已經到了內外交困、山窮水盡的時候，如果還不動手變法，盡快拯救內外危機，那麼到時想求一個半壁河山的偏安局面，也是不可能的了，即使是皇上和大臣們想當個長安的老百姓，也是不可能的了。」

康有為說這番話，就是想以此來喚醒那些還沉睡的封建大員們，喚起他們的良知，刺激他們麻木的神經。康有為的上書確實刺激了頑固派的自尊與虛偽的靈魂，當康有為把上書送到工部時，尚書淞溎看後大為惱火，他指著康有為的鼻子問道：「你為何敢如此大逆不道，口出狂言？難道你不怕死嗎？」康有為大義凜然地說：「是的，我不怕死。」康有為確實是不怕死的，他為了中國的變法事業甘願獻出自己的一切，以至於獻出自己寶貴的生命。

這次大膽的上皇帝書，雖然沒有送到皇帝手裡，但卻被許多官員互相傳抄，天津、上海的報紙也把它刊載出來，其內容流傳甚廣，為一些士大夫所欣賞。都察院的給事中高燮看到後，大為感動，他當即上奏推薦康有為，並請皇上立刻召見他，委以重任。翁同龢也趁勢誇獎康有為，促使光緒帝下決心召見康有為。

皇上欲召見康有為，立刻遭到守舊大臣的反對。恭親王奕訢對光緒說：「依據本朝成例，不是四品以上的官吏皇上不得召見。康長素職位太低，皇上若有所詢問，讓大臣傳話就是了。」皇上無法，只好依據奕訢意見，改令大臣傳康有為問話。於是康有為與大臣的直接對話開始了。

西元一八九八年一月二十四日的下午三點鐘，康有為被請到總理衙門西花廳。出席問話的大臣有李鴻章、翁同龢、榮祿和刑部尚書廖壽恆、戶部侍郎張蔭桓等五人。這次問話實際上是變法與反變法的小小辯論會。首先開口的是榮祿，他問道：「你極力主張變法維新，但是祖宗之法是不能變的，這一點你做何解釋？」康有為回答：「祖宗之法是用來治理祖宗的領土的，今天連祖宗的領土也保管不住了，還談什麼祖宗之法呢？就比如這個總理衙門吧，它就是個外交署，也並不是祖宗之法中所固有的。這是因時制宜，實在是不得已而為之。」榮祿看康有為把自己駁倒了，再無話可說，坐在一旁不作聲了。接著廖壽恆問道：「如果說要變法，那麼從什麼地方下手呢？」康有為直截了當地回答：「應從改革法律、官制入手。」李鴻章聽到這，有些按捺不住了，便用質問的口吻問道：「按你這一說法，難道說六部都要取消，規章制度都可以不要了嗎？」康有為毫無懼色，不慌不忙地回答道：「法律實行得久了，必然會生弊，更何況當今是列強並立的時代，不再是從前關起門來閉關自守的時代。現行的法律和官制，都是過去的舊法，造成中國危亡的，正是這些舊法，所以必須要廢除這些舊法。即使是一時不全改，也應斟酌情形逐漸加以改變。只有這樣，新政才能推行。」翁同龢這時岔開了他們的辯駁，轉問變法需要的款項怎樣籌措，康有為回答：「日本設立銀行發行紙幣，法國實行印花稅，印度徵收田稅，成效都很可觀。中國地廣人多，如果能改變制度，稅收將比現在增加十倍。」接著，他又詳細地談了他所設想的具體方案，以及如何取法近鄰日本等等。

這一次會談，直到天黑才結束。康有為第一次與一些頑固大臣面對面地辯駁、交鋒，他的維新鬥志以及大無畏的精神淋漓盡致地表現了出來。守舊大臣們看到了維新志士的勇敢和士氣，感到無比地恐慌，從而更加深了他們的仇恨與敵視，加緊了阻撓的步伐。

第二天早朝，翁同龢把問話的情形告訴了光緒皇帝。皇帝一聽，立刻要召見康有為。然而，奕訢再一次出面阻擋，他說：「皇上如果實在想瞭解康長素的主張，可以先讓他上書條陳意見，如有可採之處，再召見也不遲。」光緒只好傳令讓康有為寫出書面建議，並要康有為將他所編寫的《日本明治變政考》、《俄羅斯大彼得變政考》等書都一同送上。同時他又命令以後如有康有為的奏章、條陳，應隨到隨送，不得任意阻撓和積壓。

得到皇帝的詔令之後，一月二十九日，康有為上了〈應詔統籌全局摺〉，也是第六次上書。他在這篇奏摺中說：「臣聞方今守舊之國，沒有不被分割而危亡的，波蘭、埃及、土耳其、緬甸等國無不如此。如今世界各國的趨勢就是能變則全，不變則亡；全變則強，小變仍亡。中國之所以面臨著如此危亡的局面，就是由於保守舊法不知變革所致。現在只有毅然推行新政，走日本明治維新道路，此外沒有別的路可走。依據日本的明治維新，請皇上盡快做好以下三件事：第一，召集群臣，宣布變法。大臣們都要表示決心，革除舊習，努力維新，否則自請免官。第二，設上書所，讓士民自由上書，破格重用才能之輩。第三，設制度局，下設法律、度支、學校以及農、工、商、鐵路、郵政、礦務、游會、海軍等局，訂立各種新章。如此則雖不敢說自強，但自保卻不成問題。臣愚夙夜憂國，對統籌大局做了詳細的思考。如此時阽國危。臣謹竭愚誠，伏乞皇上聖鑑。謹呈。」

康有為的這一統籌全局奏摺，可以說是資產階級改良派革新政治的全部要求，也是戊戌變法的施政綱領。康有為把變法說得輕而易舉，可立見成效，使年輕的皇帝大受鼓舞。光緒當即把此折發給總理衙門的親王、大臣，讓他們商討，還把康有為的書放在案頭，天天翻看。看來光緒皇帝要決心一試了。

過了幾天，康有為第七次給皇帝上書，著重講述了俄國彼得大帝放下架子到外國遊歷學習的事，意使光緒帝拿出彼得大帝的勇氣。

變法的氣氛越來越濃了，許多報刊、學會應運而生，粵學會、蜀學會、閩學會、吳學會紛紛成立。正趕上又要會試了，各省舉人雲集北京。康有為覺得這是一個難得的機會，他要集合全國的舉子士人成立一個大會，以伸國憤，讓愛國的熱忱，為天下人所共有。剛好御史李盛鐸也有會合在京應試舉人開會的主張，於是由康、李為主要發起人，組織了保國會。康有為在保國會成立大會上，慷慨陳詞，他歷述帝國主義侵略日急，瓜分危機日重，他大聲地疾呼：「今日之局勢，人人都有亡天下之責任，人人都有救天下之權利。如果能聯合中國四萬萬人民，使人人熱情激憤，則無不可為，不患不能救也。今成立保國會，就是為了救亡、保國！」同時他又起草了三十條章程，目的就是喚醒士人，講求變法，以保國家土地不喪失，保民族自立，保象徵民族精神的聖教不受侵犯。

保國會一經成立，聲勢便十分浩大。不久保滇會、保浙會、保川會等紛紛成立，他們演講、宣傳，使維新變法的波浪在士大夫中間較大程度地激盪起來，其影響越來越大。

從強學會、南學會發展到保國會，已由地區性的學會，進而成為全國性的具有政黨規模的統一組織，這使頑固派十分仇視。從西元一八八八年以來，頑固派就禁止傳播西學，他們焚毀新書，查禁報紙，封閉強學會，驅逐維新士人，千方百計對維新力量進行抑制和打擊。保國會成立後，更加劇了頑固派們的不安，於是，更為強大的壓力又降下來了。

一天，吏部主事洪嘉興唆使正在北京找門路的文人孫灝攻擊康有為，他對孫灝說：「朝裡的大官們都討厭康長素，你若能出面攻擊他，我就替你活動一下，保薦你為經濟特科。」孫灝聽了很高興，他就按洪嘉興之意做了一篇長文〈駁保國會〉，對康有為的保國會章程逐一加以駁斥，進行攻擊、謾罵，並說康有為目無君上，想做民主教皇。文章寫好後印成了小冊子，送到每一個京師貴人的手中。

守舊大臣和皇親貴戚，得到這本小冊子後，輾轉傳布開來，於是乎，攻擊的言論大起。

御史潘慶瀾上疏彈劾康有為，他說：「臣啟奏陛下，今康長素之輩成立什麼保國會，聚眾不軌，臣請皇上聖明，查禁強學會，並請封其萬木草堂。」剛毅立刻站出來表示贊同，並說：「臣願前往查封保國會。」光緒正色問道：「保國會能保國，豈不大善，何必要查禁呢？」此事因皇帝反對被擱置下來。

沒過多久，御史黃桂鋆參彈保滇會、保浙會、保川會，牽連到保國會。他說：「保滇會等都是保國會的黨徒，他們是為了包藏禍心，乘機煽惑，糾合各地舉子而成立的，目的在於宣傳他們簧鼓之言，巧立名目，聳人聽聞，以博得皇上的諭旨，總攬大權。俗話說，天下古今，權掌握在皇上手中則國家治，如權力下移，則天下亂。而今民主民權之說，日益猖獗，如果皇上準許各省紛紛成立自保會的話，唯恐會匪聞風而動，其患不可勝言。如各省從此都自保，那從此國家必將分裂。還請皇上嚴禁。」榮祿也怒氣衝衝地說道：「康有為成立保國會，現在許多大臣還沒有死，就是亡國也不勞他來保。他這樣狂妄，非殺不可。」發起人之一的李盛鐸，看風頭不對，便上疏誣衊保國會，以求自免。保國會的刑部官員喬樹枏，竟寫信給梁啟超，否認自己加入過保國會，他在信中說：「保國的職責只有在位的親貴大臣才能擔當得起，如出於低賤的下級官吏，那是極大的不安分。」保國會在如此強大的壓力下，只開了三次大會便不敢繼續活動，自行停頓了。

然而，光緒這個一心想擺脫受制於人狀態的皇帝，他的決心並沒有變，在京城越來越濃郁的變法氣氛中，奮發圖強的願望越來越強烈。西元一八九八年六月十一日，皇帝終於下了一道「明定國是」詔書，宣布變法。

晴朗的早晨，光緒帝端坐在九龍華蓋和日月龍鳳扇下，神情肅穆。黑壓壓地跪著一地聽詔的京官，向皇帝山呼萬歲之後便鴉雀無聲。只見一宣詔官登上高台，先向皇上行三跪九叩之禮後，西向肅立，雙手捧詔，大聲朗讀起來：「數年以來，中外臣工，講求時務，多主變法自強……。」詔書的主要內容就是表明皇帝變法的決心，以聖賢義理之學為根本，又博採西學中務實的精髓；成立京師大學堂，廣招人才等等。

皇帝變法誓詞傳出來後，苦苦奔波、等待的維新志士們受到了極大鼓舞，南海館內的康有為等人個個喜形於色，他們彼此祝賀著，互勉著，在他們的心中已達成一種默契，那就是，在皇帝的支持下，要更加無所畏懼地為自己的理想而鬥爭。

皇帝已經宣誓變法了，現在，他最迫切的就是面見康有為，以便商討新政的具體措施。

六月十六日，康有為夢寐以求的願望終於實現了。當康有為被內侍臣引進殿門，第一次跪在皇帝面前時，他激動得有點緊張，面見皇帝，與皇帝談自己的理想、主張，這是他經過了多少努力、幾經周折才實現的啊！光緒帝從康有為走到殿門時起，就一直在打量這個頎身長髯、目光炯炯的南海奇人，正是這個人使他走上了變法維新的道路，成為他日後推行新政的得力助手。君臣二人各自懷著感念與期盼，一種親近感、依賴感在兩人的心中同時產生。康有為行完大禮之後，光緒開始問話。他說：「先生關心國是，忠忱可嘉，屢次上書，朕都知道了。朕已決意維新，先生有何見教，請盡情奏來，朕很願意聆聽！」

康有為覺得眼前這位皇帝就是他理想中的立憲君主，他慶幸自己遇到了明君聖主，預感自己的理想能成為現實。於是他挺直了身子，侃侃回奏道：「皇上決意維新，實乃國家民族之大幸。自從禁菸以後，中英交戰以來，列強交侵，國無寧日，時至今朝，瓜分之危機已經迫在眉睫。我國五千年的神州大地，已成了列強的砧上魚肉，任人宰割，如再不變法圖強，國運民脈實將不堪設想！」

光緒點頭嘆道：「朕知道，現在是非變法不可了，可是國事如麻，紛繁多端，如欲維新，從何入手才好？」

康有為道：「臣以為治國先求治本，首先在於革新制度。近年來，我朝也曾有所變革，興辦洋務，發展工業等等，但是我們為什麼就不能像西洋國家那樣，行了新政就富強了呢？臣以為，主要就是我國制度不好。從朝廷、督撫、司道、州縣守令、以至黎民百姓，猶如十重門堂，重重隔絕，所以辦事無法核實，下情無法上達，以至於上下矇蔽，奸蠹叢生。要改變現今的制度，首先應從廢八股、興學校、開民智做起。現在的大患在於民智不開，民智不開是由於八股取士的緣故，他們只懂得填詞對賦，訓詁考證，毫無現實意義。」

光緒點頭稱是，他說道：「朕就依先生之意，廢掉八股，廣招人才。只是今日國家一貧如洗，年年賠款，國庫已空，如欲變法，將如何籌款呢？」

康有為說道：「我國並非貧國，在我國土之內，有許多礦產等自然資源。只是因吏治不善，管理無方，才窮困的。所以只要刷新吏治，清除貪官汙吏，選拔清廉之士、幹練之才，理好稅收一項，國家的財源就充足了。何況還有交通、郵政、礦務等收入，源流廣闊，又何愁沒有款項呢？」

光緒面露笑容，點頭說道：「聽了先生高論，朕茅塞頓開，心中豁亮。」之後他們又交談了兩個多時辰才結束。皇帝接見臣子這麼長時間，這在朝廷是很少有的。康有為當天就被皇帝任命為總理衙門章京上行走。這個官職雖然較低，但可專抓奏事。同時起用的還有梁啟超、黃遵憲、譚嗣同等英才。

從這天起，康有為等人的奏章、建議，流水般傳到紫禁城，然後經過光緒帝，把奏章、條陳變為詔書、諭令，又一件一件從紫禁城下發各地。從六月十一日「明定國是」詔書算起，到九月二十一日，一共一百零三天裡，共有一百一十多道詔書、諭令。戊戌新政全面展開了，這就是通常所說的百日維新。

新政囊括了政治、經濟、文化等多方面。政治上，整頓吏治，裁汰冗員，改革舊的機構，裁撤閒散衙門等。廣開言路，允許官民上書言事。經濟上，設路礦總局、農工商總局和各省商務局，以推動工商業的發展，提倡商辦實業，組織商會。思想文化上，廢除八股，改試策論，取消各地書院，改設新式學校，廣泛學習西學，在北京設立京師大學堂，准許自由創立報館和學會等等。

康有為還上疏建議設議院，建立君主立憲制。他想在民智大開之後，漸漸地實行這一改革方案。但是康有為還沒有等到這一天，頑固勢力便反撲過來，使新政僅倖存了百天便夭折了。

事實上，維新運動每前進一步，無不遇到頑固勢力的阻撓，當變法進入到高潮的時候，這股強大的反對勢力也達到了頂峰。

「明定國是」詔書剛剛頒布完畢，便從太廟傳來一陣哭聲。原來這哭聲是大學士、軍機大臣剛毅發出來的。剛毅是個十分守舊的老臣，他看到局勢已發展到這一地步，卻無力阻擋，只好一個人跑到太廟中去，在列祖列宗之前痛哭著：「從此綱常掃地也，綱常掃地也。」

剛毅傾心忠誠祖宗制度，榮祿則熱衷於自己的權勢和地位。正當剛毅以痛哭來發洩內心的悲愁之時，榮祿卻去找他的主子去了。

皇上回宮，群臣散去，榮祿徑直赴頤和園而來。太監通報，榮祿入內，只見老佛爺正在閒坐，榮祿連忙跪地叩頭，煞有介事地奏道：「啟稟老佛爺，剛才皇上宣詔，發誓維新變法，不知老佛爺可否知道？」

慈禧抬抬眼皮說道：「知道了，現在變法維新，已成潮流，就讓他們去鬧罷。」

榮祿抬起頭，仰望著慈禧，急切地奏道：「老佛爺無比聖明，豈不知大權不可旁落，國之利器不可以示人！」

慈禧最關心的就是權力，榮祿的話震動著她的心，使她失去了心頭的平靜，不禁略略俯下身子，問道：「你有什麼好法兒，就照直講吧。」

榮祿連忙獻策道：「奴才有三條妙計：第一條，逐走毓慶宮行走翁同龢，砍掉皇上推行新政的支柱，這樣皇上就孤立無援了。第二條，今後二品以上大員的調任，都要到頤和園向老佛爺謝恩。這樣老佛爺就控制了國家的中樞，牢牢把握住了朝中大權。第三條，奴才請求出任直隸總督，軍權在握，就不怕這些亂黨了。」

慈禧聽了，內心十分滿意。於是奇怪的現象出現了，光緒皇帝在下了變法詔書後的第四天，又以皇帝的名義，一連下了三道預告新政危機的命令：一是撤除翁同龢協辦大學士、戶部尚書的職務，送回江蘇原籍；二是新授二品以上文武大臣要謁見西太后，向她謝恩；三是調直隸總督王文韶回京供職，派大學士榮祿署理直隸總督。很顯然，這是太后的旨意，這一切都清清楚楚地表明，光緒帝受制於西太后。

與此同時，在京城內外，謠言四起。有的說，康有為是漢奸，受了洋人賄賂，替洋人遊說，要把大清天下賣給英國和日本；有的說，康有為驕傲狂妄、想當聖人，自立為教主，要盡廢六部九卿衙門，使天下人都信奉康教；還有的說，康有為兄弟會妖術，每夜進宮穢亂宮闈，迷惑皇上，使皇上迷了心竅，才整天嚷著要維新、變法；有些謠言甚至造到皇帝頭上，說皇帝要剪辮子，在宮中穿西服，信洋教；還說皇帝患了淋症、遺精症等等。這些謠言大都是從紫禁城內、內務府、太醫院和太監們口中傳出來的，繪聲繪色，煞有介事，所以弄得人心浮動，惶惑不安，滿城風雨。此外，還有那些因廢八股制而失去晉身之階的守舊文人，因推行新政而擔心自己祿位難保的頑固大臣，因裁減綠營而感到衣食無著的綠營丁勇，以及因傳聞廢寺廟、興學校而擔心自己失去寄生之所的僧道之人，他們都蛆蠅營聚、蠢蠢騷動，搬弄是非。所有的守舊勢力都聚集起來了，他們咬牙切齒，怒抗新政。他們不敢公開指責皇帝，便把滿腔的憤怒，一起發洩到康有為這個維新派首領身上。他們視康、梁為仇敵，有的甚至公開聲稱，要找康有為拚命。京城之內，一日數驚，風聲鶴唳，新舊之爭，劍拔弩張。

光緒皇帝為了變法維新，決定在政府機構中充實維新力量。九月五日，封譚嗣同、楊銳、劉光第、林旭四人為四品卿銜，在軍機章京上行走，也就是入了軍機處，參與新政事宜，時稱四輔，與此同時，為了清除變法阻力，在封四卿的同時，下令撤了禮部尚書懷塔布、許應騤等六人之職。

幾天以後，光緒帝又將阻撓新政的李鴻章、敬信從總理衙門攆了出去。十四日，又下發了旗人自謀生計的詔書。

管理皇室事務的內務府大臣立山，率領滿族官員浩浩蕩蕩地到頤和園去告狀，說皇帝不要滿人了，請太后臨朝訓政。懷塔布、李鴻章等人先後趕到天津，準備在皇帝和太后一同到天津閱兵時廢掉光緒。

各種壞消息傳到光緒耳中，使光緒皇帝覺察到問題之嚴重，但又不知如何是好！他連忙下密詔，要康有為等人「妥速密籌，設法相救」。

康有為、譚嗣同等人讀了密詔不禁痛哭起來，這些君子們密籌的結果，就是將希望寄託於新建陸軍的袁世凱身上！要他占天津、誅榮祿、入京勤王。

然而，這個具有維新熱忱、曾經是強學會一員的袁世凱，卻在變法事業最關鍵的時刻，站在了頑固勢力的一邊，向榮祿告發了康有為等人的計劃。

當榮祿將此消息轉告給慈禧時，這位最高權力的擁有者震驚、暴怒了！

慈禧是晚清歷史中十分重要的人物，她善於施展權術，在咸豐、同治、光緒三朝始終保持著至高無上的權勢。十九世紀末的中國面臨著被瓜分的危險，她也感到恐懼，但她更害怕年輕的皇帝輕舉妄動，造成動亂，以致動搖她腳下的根基。在這種矛盾的心理支配下，她最後決定不妨讓光緒去試一試。如果國家真的能像日本那樣成功了，自己仍然可以保住當前這種地位；萬一失敗了，就廢掉光緒，另立一個皇帝，自己的地位反倒更加鞏固。就這樣，她允許了光緒帝維新變法，允許了新政的推出。當許多大臣跑到她那裡哭泣時，她沒予理會；當懷塔布和他的家人都到頤和園去長跪哀告時，她仍不動聲色，因為這都沒有對她的最高權勢造成威脅。如今，皇帝要發動兵變，這還了得，慈禧氣急敗壞，於九月二十一日凌晨，帶領禁衛親兵，全副鑾駕，往紫禁城而來。

慈禧怒氣衝衝，回到紫禁城中，在乾清宮前下了鳳輦，登上御座。那邊早有人稟告皇帝說太后駕到，請皇帝快去接駕。光緒一聽，如五雷轟頂，嚇得渾身顫抖，他知道事態嚴重了。光緒帝剛一踏入殿門，慈禧就破口大罵道：「你這個沒良心的東西，本來你是旁枝側出，是我把大統給你，你才能登上這個寶座。自從你四歲入宮以來，我撫養你、教誨你二十年，花了我多少心血？試問我有何事負你？為何你竟欲將我囚到頤和園中？你如此忘恩負義，真乃禽獸不如！」

慈禧大罵之後，餘怒未消，將光緒帝囚禁於中南海的瀛台，在那裡，光緒度過了他的餘生。接著，她用皇帝的名義，下詔廢除新政，捉拿康有為等人，並籲請太后訓政，西太后又一次臨朝聽政。

十九世紀末葉的中國，一場轟轟烈烈的變法維新運動就這樣失敗了。康有為逃往香港，梁啟超奔赴日本，無數的維新人士和帝黨被捕入獄，譚嗣同、康廣仁、楊深秀、楊銳、林旭、劉先弟這戊戌六君子的血染紅了北京城的殺場，染紅了無數嚮往光明、嚮往新事物的人們的心，染紅了充滿滄桑、任人蹂躪的中國大地！

然而，維新志士的血沒有白流。譚嗣同的「我自橫刀向天笑，去留肝膽兩崑崙」的豪情壯志激勵著後來的人們！「變法沒有不流血的，中國還沒有因變法而流血的，這就是國家不昌的原因。如果有，請自嗣同始。」這豪邁的聲音，自發出的那一刻起，就一直在華夏古國的上空迴蕩著，在中華兒女的心中迴蕩著！它呼喚著人們繼續去奮鬥、去抗爭！它告知人們，封建制度已千瘡百孔，趕快來推翻它吧，創造一個新世紀的中國，迎接新世紀的曙光！

# 歷代皇朝風雲實錄④：變法之殤

作　　者　趙東艷

發 行 人　林敬彬
主　　編　楊安瑜
責任編輯　黃谷光
內頁編排　王艾維
封面設計　王艾維
編輯協力　陳于雯．曾國堯

出　　版　大旗出版社
發　　行　大都會文化事業有限公司
11051 台北市信義區基隆路一段 432 號 4 樓之 9
讀者服務專線：（02）27235216
讀者服務傳真：（02）27235220
電子郵件信箱：metro@ms21.hinet.net
網　　　址：www.metrobook.com.tw

郵政劃撥　14050529 大都會文化事業有限公司
出版日期　2015 年 10 月初版一刷
定　　價　280 元
I S B N　978-986-6234-88-0
書　　號　History-068

◎本書由遼寧人民出版社授權繁體字版之出版發行。
◎本書如有缺頁、破損、裝訂錯誤，請寄回本公司更換。



Cover Photography:imagemore/19788020,19788048.

國家圖書館出版品預行編目 (CIP) 資料

歷代皇朝風雲實錄④：變法之殤 / 趙東艷 編著.
-- 初版. -- 臺北市：大旗出版：大都會文化發行, 2015.10
256 面 ; 17×23 公分

ISBN 978-986-6234-88-0（平裝）
1. 帝王 2. 傳記 3. 中國

782.27　　　　104018915

# 《歷代皇朝風雲實錄③：忠奸抗衡》

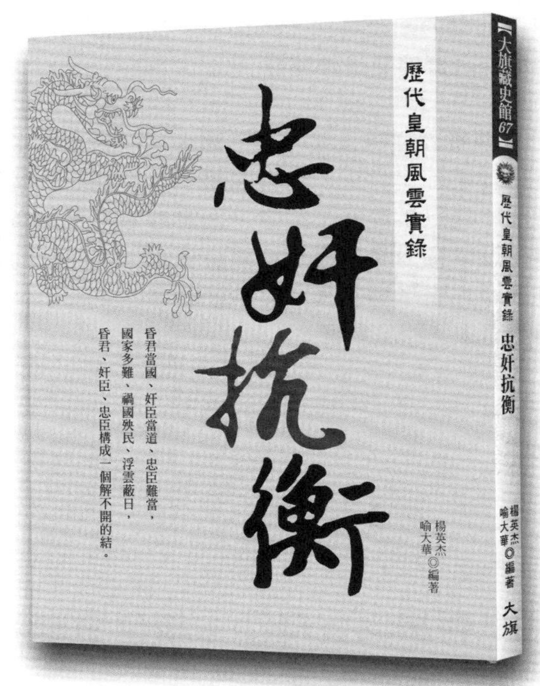


■ 作者：楊英杰、喻大華

■ 定價：280 元

■ ISBN：978-986-6234-86-6

誰是忠臣？誰是奸臣？芸芸眾生，攘攘諸官，模樣都差不多，人性又複雜多變，在蓋棺之前，大多難以定論。

奸臣們會說：我是忠臣（或君子），你是奸臣（或小人）；君主會說我用的人都是忠臣，殺掉或放逐的才是奸臣；而面相專家則說可根據一個人的相貌舉止來判斷，一般奸臣大多有個「狼顧」之相。這種說法影響最大，所以科舉取士後授官之前要經目測一關。這不是選美，而是剔醜，即留下「國」字、「田」字臉形者，排斥那些臉形像「申」、「甲」、「由」字者。

受此影響，戲曲、小說中的奸臣都被臉譜化，從而把一個最複雜的問題簡單化，奸臣一出場便可認出，總之誰醜誰就是奸臣！

## 《歷代皇朝風雲實錄①：血濺龍袍》

皇帝是統治階級集團的最高代表，絕對的權威、無限的權力、至高無上的地位，使皇帝這一社會角色既有現實性又具神祕性。

透過篡權登極的人並不都是壞人，而被篡奪帝位的人也並不都是好人。篡奪君權者，不能視為個人罪孽，不能以手段的不正當來否定政治上可能有的進步。是何種力量與思潮把篡位者推上了歷史的舞台？這種人當了皇帝後，又對社會、歷史起了什麼作用？產生了什麼影響？

■ 作者：魏鑒勛

■ 定價：280 元

■ ISBN：978-986-6234-82-8

---

## 《歷代皇朝風雲實錄②：相位爭奪》

宰相是中國封建時代輔佐君主管理國家事務的最高行政長官，處於一人之下，萬人之上，乃「位極人臣」之位，因此成為封建官僚政治中，權力鬥爭的焦點。

但因為宰相是由皇帝任免，因此諷刺的是後者往往更重於前者；而「相位」作為人臣的最高權位，鬥爭不比一般，綜觀中國封建歷史，相位的爭奪不僅更激烈、更複雜，也更殘酷，裡頭總交織著陰謀，伴隨著血腥。相位有限，但往往不是個人之爭，而是團體的黨爭，也不單是人臣之間的爭奪，有時也是帝權與相權的互相角力，因此，什麼樣的人當上了宰相，有時比什麼樣的人當上了皇帝還要來得重要！

■ 作者：王若

■ 定價：280 元

■ ISBN：978-986-6234-85-9

# 讀者服務卡

書名：**歷代皇朝風雲實錄：變法之殤**

謝謝您選擇了這本書！期待您的支持與建議，讓我們能有更多聯繫與互動的機會。

A. 您在何時購得本書：______ 年 ______ 月 ______ 日

B. 您在何處購得本書：____________ 書店，位於 ____________（市、縣）

C. 您從哪裡得知本書的消息：

1. □書店　2. □報章雜誌　3. □電台活動　4. □網路資訊
5. □書籤宣傳品等　6. □親友介紹　7. □書評　8. □其他

D. 您購買本書的動機：（可複選）

1. □對主題或內容感興趣　2. □工作需要　3. □生活需要
4. □自我進修　5. □內容為流行熱門話題　6. □其他

E. 您最喜歡本書的：（可複選）

1. □內容題材　2. □字體大小　3. □翻譯文筆　4. □封面　5. □編排方式　6. □其他

F. 您認為本書的封面：1. □非常出色　2. □普通　3. □毫不起眼　4. □其他

G. 您認為本書的編排：1. □非常出色　2. □普通　3. □毫不起眼　4. □其他

H. 您通常以哪些方式購書：（可複選）

1. □逛書店　2. □書展　3. □劃撥郵購　4. □團體訂購　5. □網路購書　6. □其他

I. 您希望我們出版哪類書籍：（可複選）

1. □旅遊　2. □流行文化　3. □生活休閒　4. □美容保養　5. □散文小品
6. □科學新知　7. □藝術音樂　8. □致富理財　9. □工商企管　10. □科幻推理
11. □史地類　12. □勵志傳記　13. □電影小說　14. □語言學習（_____ 語）
15. □幽默諧趣　16. □其他

J. 您對本書（系）的建議：

______________________________________________

K. 您對本出版社的建議：

______________________________________________

## 讀者小檔案

姓名：______________ 性別：□男　□女　生日：____ 年 ____ 月 ____ 日

年齡：□ 20 歲以下 □ 21 ～ 30 歲 □ 31 ～ 40 歲 □ 41 ～ 50 歲 □ 51 歲以上

職業：1. □學生 2. □軍公教 3. □大眾傳播 4. □服務業 5. □金融業 6. □製造業
7. □資訊業 8. □自由業 9. □家管 10. □退休 11. □其他

學歷：□國小或以下 □國中 □高中／高職 □大學／大專 □研究所以上

通訊地址：______________________________________________

電話：（H）______________（O）______________ 傳真：______________

行動電話：____________________ E-Mail：______________________________

◎謝謝您購買本書，歡迎您上大都會文化網站（www.metrobook.com.tw）登錄會員，或至 Facebook（www.facebook.com/metrobook2）為我們按個讚，您將不定期收到最新的圖書訊息與電子報。

歷代皇朝風雲實錄

# 變法之殤

北區郵政管理局
登記證北台字第 9125 號
免貼郵票

大都會文化事業有限公司
讀者服務部 收

11051 台北市基隆路一段 432 號 4 樓之 9

寄回這張服務卡〔免貼郵票〕
您可以：
◎不定期收到最新出版訊息
◎參加各項回饋優惠活動

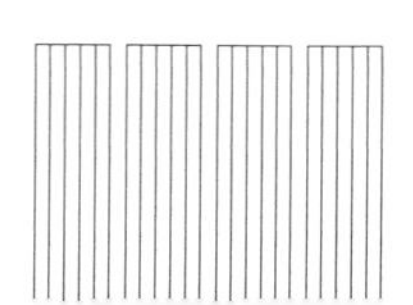

大旗出版
BANNER PUBLISHING

大旗出版
BANNER PUBLISHING